ROMEON
VERLAG

Immobilienkonflikte

Das Flothow-Konzept – Hausfrieden statt Anwaltskrieg

1. Auflage, erschienen 7-2022

Umschlaggestaltung: Romeon Verlag
Text: Dr. Gerhart Flothow
Layout: Romeon Verlag

ISBN: 978-3-96229-399-4

www.romeon-verlag.de

Bibliografische Information der Deutschen Nationalbibliothek:
Die Deutsche Nationalbibliothek verzeichnet diese Publikation in der Deutschen Nationalbibliografie; detaillierte bibliografische Daten sind im Internet über *http://dnb.dnb.de* abrufbar.

Dr. Gerhart Flothow

Immobilienkonflikte

Das FLOTHOW-Konzept – Hausfrieden statt Anwaltskrieg

Inhalt

Vorwort von Martin von Hirschhausen

Wo gibt es überall Streit?

In Unternehmen, zwischen Unternehmen, zwischen Mietern und Vermietern, bei vielen Immobilientransaktionen – diese Erfahrungen habe ich in 40 Jahren Bank- und Finanzwelt »gewonnen«. Dabei verlieren Menschen sowie Unternehmen im Streit viel Zeit, Geld und Nerven.

Als ausgebildeter Co-Mediator war die Antwort auf die Frage für mich immer klar: Streit und Zeitaufwand versus Frieden und Freiheit – welche Seite wäre mir lieber?

Heute stelle ich diese Frage im Rahmen meiner Vermögensbegleitung für Familienunternehmer und Investoren verschärft: »Was möchten Sie IN Ihrem Leben, was möchten Sie MIT Ihrem Leben machen?« Das vorliegende Buch gibt anhand praxisnaher Beispiele viele Anregungen für konstruktive Konfliktlösungen. Ich wünsche Dr. Gerhart Flothow, dass sich sein Werk gut verbreitet und vor allem, dass seine Empfehlungen häufig angewendet werden.

Prolog

KENNEN SIE DEN FILM »DER ROSENKRIEG«?

Sie erinnern sich sicherlich an den witzig-tragischen und starbesetzten Film aus dem Jahr 1989. Ein erfolgreicher Kinofilm seiner Zeit, der erzählt, wie aus einer großen Liebe grenzenloser Hass wird – er schleicht sich ein, erst unscheinbar, dann aber nimmt er immer mehr Fahrt auf, um am Ende mit voller Wucht zu eskalieren. Jeder, der diesen Film einmal gesehen hat, wird ihn vermutlich den Rest seines Lebens nicht wieder vergessen. Allein schon aufgrund der für Hollywood typischen und filmgerechten Überzeichnung der Eskalation eines Rosenkrieges sowie der fulminanten Schlussszene.

Der Film beginnt mit einem Rückblick und zeigt, wie alles begann: mit dem Zauber der ersten Begegnung, mit dem Feststellen der ersten Gemeinsamkeiten, damit, wie sich die beiden kennen und lieben gelernt haben. Eine Kennenlerngeschichte, die der Ehemann schwärmend kommentiert mit: »Diese Geschichte werden wir noch unseren Enkeln erzählen.« Barbara und Oliver Rose waren einst das perfekte Ehepaar. Ein Haus, ein Auto, ein Junge, ein Mädchen, ein Hund und eine Katze – so die Zahlen, Daten und Fakten einer Bilderbuchehe. Alles wie im Märchen oder in der Werbung. Aber irgendwann ist die anfänglich blinde Liebe verloren gegangen. »Es fing mit Kleinigkeiten an«, so erzählt es der Anwalt des Ehemanns im Rückblick. Schritt für Schritt und Stufe für Stufe eskaliert der Streit zwischen den Eheleuten. Nach siebzehn Jahren Ehe will sie die Scheidung, nachdem der Hass überdimensional groß geworden ist. Und sie spricht aus, was sie über ihren Mann denkt: »Wenn ich sehe, wie du isst, wenn ich dich in letzter Zeit so ansehe, dann möchte ich dir am liebsten ins Gesicht schlagen.«

Traurig, aber wahr. Das Ende einer Liebe, die gute und schlechte Zeiten überdauern sollte. Eine Scheidung allein wäre schon tragisch genug. Aber der Streit um das gemeinsame Haus, auf das keiner verzichten will, macht das Ganze noch unendlich schlimmer und löst den bekannten »Rosenkrieg« aus, der nach immer heftigeren Eskalationen in einer regelrechten Zerstörungsorgie endet. Und so geht es unweigerlich gemeinsam dem Abgrund entgegen. Im furiosen Finale stürzt das einstige Liebespaar, beide am eindrucksvollen Kronleuchter zentral im Objekt der Begierde hängend, in die Tiefe. Danach liegen beide schwerverletzt auf dem Boden. Während er im Moment des Todes versucht, ihre Hand zur Verständigung oder zur Versöhnung zu greifen, schlägt sie sterbend seine Hand aus.

Was für eine dramatische Szene … und was für eine Eskalation hat hier stattgefunden? Ein Ehekonflikt, der in einem Totaldesaster endet. Wie so oft im richtigen Leben gewinnt am Ende keiner der Streithähne. Beide verlieren nicht nur das Haus, nicht nur ihre Würde, sondern sogar ihr Leben. Eine Lose-lose-Situation, wie man sagen würde, beide tot, alles verloren. Unfassbar. Einfach nur unfassbar. Und man denkt im ersten Moment, dass so etwas doch eigentlich nicht sein kann. So können Menschen nicht sein, dass sie eine solche Konfrontation betreiben, die in letzter Konsequenz in der totalen Selbstvernichtung endet. Oder doch?

Und so fasst der Anwalt erfahrungsgemäß und ernüchtert zusammen:

Wenn ein Pärchen anfängt, Punkte zu
sammeln, kann keiner gewinnen.
Es geht nur darum, wie hoch man verliert.«

Und was für Paare gilt, lässt sich auch auf einstige Freundschaften übertragen, auf Gemeinschaften, auf Kulturen und Länder. Ehrlich gesagt, wenn man in die Geschichtsbücher schaut, oder heute würde man im Internet nach historischen Informationen suchen, stellt man fest, dass die Menschheitsgeschichte eine Geschichte von Konfrontationen als Mittel zur Konfliktbearbeitung ist. Recht hat, wer der Stärkere ist. So steht es in den Geschichtsbüchern. So haben wir es gelernt und möglicherweise selbst schon einmal erlebt.

Vielleicht denken Sie auch gerade jetzt, in diesem Moment, darüber nach, dass Sie sich in einem Konflikt nicht optimal verhalten haben. Indem Sie vielleicht kleinlich waren oder nachtragend, in den Sie Zeit investiert haben, die in keinem Verhältnis zum eigentlichen Konfliktgegenstand stand. Können Sie sich an einen solchen Konflikt erinnern? Über den Sie aus heutiger Sicht sagen: »Naja, die stärksten Momente in meinem Leben waren das nicht.« Mir selbst fallen zahlreiche ein. So sind wir Menschen. Wir haben es nicht gelernt, Konflikte angemessen zu lösen.

Dabei gibt es seit Jahrtausenden andere Ansätze zur Konfliktbearbeitung. Sie spielen – und das ist bezeichnend – aber nur eine Nebenrolle. Eine Alternative ist die selbstbestimmte kooperative Konfliktbearbeitung. Noch nie gehört? Man nennt es auch Mediation. Auch noch nie gehört? Dann wird es spannend.

In der Mediation unterstützt ein Mediator die Streitparteien dabei, eine Lösung zu finden.

Nehmen Sie das Ehepaar aus dem Rosenkrieg. Ein Haus, ein Auto, Junge, Mädchen, Hund und Katze. Und da liegt der entscheidende Unterschied.

> In der Konfliktbearbeitung mithilfe der Mediation werden die Gemeinsamkeiten in den Vordergrund gestellt und nicht die trennenden Punkte.

Das macht den Riesenunterschied in der Mediation: sich immer wieder bewusst zu machen, was das Verbindende ist.

Bei einem Ehepaar liegt dieses auf der Hand. In der Regel ist es viel gemeinsame Lebenszeit, sind es gemeinsame Erlebnisse und Erfolge, viele Erinnerungen und häufig – das Wichtigste überhaupt – die gemeinsamen Kinder. Dann macht es schon einen Unterschied, ob die ehemaligen Eheleute sich im Nachhinein immer wieder sagen, was für eine fürchterliche Zeit das war oder ob sie auf das Verbindende schauen, auch, wenn das nicht mehr so einfach ist. In der konfrontativen Auseinandersetzung mit dem Konflikt spielen Gemeinsamkeiten quasi keine Rolle. Es findet eine absolute Fixierung und Fokussierung auf das Trennende statt. Eine Konfrontation und eine Eskalation der Konfrontation ist damit vorprogrammiert.

Als Mediator unterstütze ich Menschen dabei, sich auf den Weg zu machen, Gemeinsamkeiten selbstbestimmt zu erarbeiten und darauf aufbauend eine Win-win-Lösung zu entwickeln. Das Schönste an der Methode ist, dass sie im Vergleich zum Rechtsstreit in aller Regel preiswerter für die Konfliktparteien ist. Aber ist das Geld wirklich ein Faktor? Der viel wichtigere und entscheidende Faktor ist, dass die Mediation ihnen Lebenszeit schenkt. Und was ist kostbarer als Lebenszeit? Sie werden im Rückblick versöhnlich auf die Konflikte zurückschauen können, weil eine Lösung gefunden wurde, die für beide Seiten tragbar ist. Sie werden nicht einige Jahre ihrer Lebenszeit mit destruktiver Energie vergiftet haben, sondern wenige Wochen lösungsorientiert für eine zuFRIEDENstellende Lösung gearbeitet haben.

Mediation schafft Lebensqualität!

In diesem Buch wird ein Konfliktlösungsansatz vorgestellt, der an Interessenausgleich orientiert ist und nicht an einer Konfliktlösung auf Basis von Macht oder Recht. Als Mediator präferiere ich Lösungen, die auf einem Interessenausgleich basieren.

Das FLOTHOW-Konzept drückt aus, was Mediation möglich macht.

Es unterstreicht alles, was Mediation erreichen kann. Im Gegensatz zum Rechtsstreit. Wie der Name schon sagt, wird in einem Rechtsstreit darum gestritten, wer Recht hat. Die Mediation wählt einen anderen Ansatz. Sie geht davon aus, dass beide Seiten aus ihrer Perspektive Recht haben. Das ist fruchtbarer Nährboden für Lösungen.

F Frieden
L Leichtigkeit
O Optimismus
T Toleranz
H Harmonie
O Ordnung
W Wertschätzung

Eskalierende Konflikte in der Immobilienwirtschaft

Konfliktfelder in der Immobilienwirtschaft und der Umgang mit diesen

Ein Konflikt ist eine mindestens von einer Seite als emotional belastende und/oder sachlich inakzeptabel empfundene Interaktion, die durch eine Unvereinbarkeit der Verhaltensweisen, der Interessen und Ziele sowie der Annahmen und Haltungen der Beteiligten gekennzeichnet ist.

Konflikte entstehen, wenn gegensätzliche, nicht miteinander vereinbare Ziele, Interessen, Bedürfnisse und Werthaltungen zusammentreffen. Konflikte sind permanenter Bestandteil menschlichen Zusammenlebens. Aber nicht die Konflikte machen die Gewalt, sondern die Art und Weise, wie mit Konflikten umgegangen wird. Das menschliche Grundmuster ist Angriff, Verteidigung oder Flucht bzw. Totstellen.

Die Immobilienwirtschaft gleicht einem Meer von Konflikten.

Der Mieter, der die Miete nicht zahlt. Der Nachbar, der zu laut Musik hört. Die Oma, die ihr Haus lieber bewohnt als es den Kindern zu übertragen. Der Gastronomiebetrieb, der in Corona-Zeiten die Miete nicht oder nur teilweise zahlen kann. Der Verkauf des Nachbarhauses an junge Leute, die die Größe des Hauses verdoppeln wollen. Sanierungen in Wohnungseigentümergemeinschaften. Der Mitbewohner, der immer auf dem falschen Parkplatz parkt. Die Mieterhöhung durch den Vermieter. Die Mietzusage an einen anderen Interessenten. Die Sonderumlage zur Finanzierung der Sanierung der Wasserleitungen, weil die Hausgeldrücklage nicht ausreicht. Diese beispielhafte und unvollständige Aufzählung zeigt, dass eine Welt ohne Immobilienkonflikte nicht vorstellbar ist.

Die zentrale Frage ist nicht,
ob oder warum es Konflikte gibt,
sondern wie man mit ihnen umgeht.

Wird von den Konfliktparteien ein Gewinnen bei gleichzeitigem Verlieren der Gegenseite angestrebt? Nimmt man im Zweifel in Kauf, selbst zu verlieren, wenn nur die andere Konfliktpartei auch verliert? Oder versucht man, einen Interessenausgleich zu erreichen? Bearbeiten die Konfliktparteien ihren Konflikt auf der Basis von Macht und Recht oder von Interessensausgleich? Auch der jeweilige Bewusstseinslevel der Konfliktparteien in der Theorie von Rolf Lutterbeck (siehe auch das Kapitel »Das Model der Bewusstseinslevel angewandt in der Immobilienwirtschaft als Ansatz zur Lösung von Konflikten«) beeinflusst den Umgang mit Konflikten.

Ein konfrontativer Umgang mit Konflikten wird zu anderen Ergebnissen führen als ein kooperativer Umgang. Unterschiedliche Vorstellungen von Moral beeinflussen die Konfliktparteien. Herkunft, Genetik und Kultur beeinflussen die Konfliktbewältigung. Streben die Konfliktparteien eine selbstbestimme oder eine fremdbestimme Lösung ihres Konfliktes an? Sind die Konfliktparteien tolerant oder intolerant gegenüber anderen Sichtweisen?

Das Verhalten von Konfliktparteien wird auch von der Motivation der Menschen bestimmt, also von der Frage: Warum macht jemand etwas?

Solche Motivatoren können zum Beispiel sein:

Wenn man überschlägt, wie viele Kombinationen hier möglich sind, wird deutlich, wie vielschichtig Konflikte sind. Konfliktbearbeitung ist ein hochkomplexes Unterfangen. Es ist völlig normal, dass jeder Mensch sich an einen Konflikt erinnern kann, den er im Nachhinein anders gehandhabt hätte und sich über sich selbst ärgert. Ein guter Umgang mit Konflikten ist nicht trivial. Aber wie kommt es dazu, dass selbst banale Konflikte eskalieren können?

Einen Überblick gibt das Konflikteskalationsmodell des österreichischen Ökonomen, Organisationsberater und Konfliktforschers Friedrich Glasl. Dieser unterscheidet 9 Konfliktstufen, wobei er jeweils 3 Stufen in Gruppen zusammenfasst.

- Die ersten drei Stufen fasst er in der Gruppe WIN-WIN zusammen.
- Die zweite Gruppe bezeichnet er als WIN-LOSE.
- Die dritte Gruppe und damit die Stufen 7, 8 und 9 heißt LOSE-LOSE.

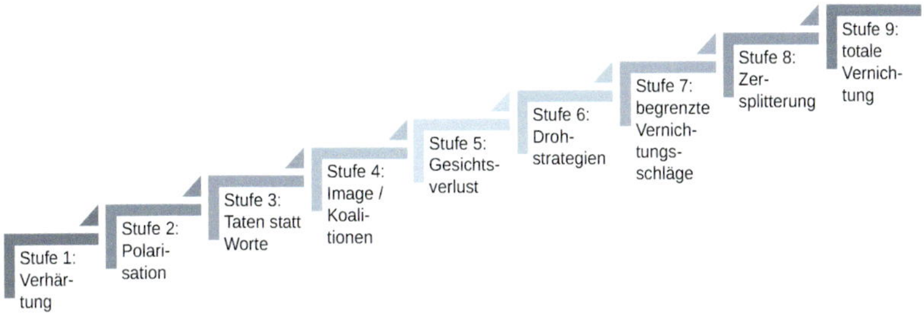

WIN-WIN	WIN-LOSE	LOSE-LOSE
Beginn der Eskalation: kooperative Lösung noch möglich	Mitte der Eskalation: Lösung nur noch mit professioneller Hilfe möglich	Endstadium der Eskalation: Lösung nur mit Machteingriff möglich

In den letzten 3 Stufen der Konflikteskalation stellen sich beide Konfliktparteien nach der Konfliktbearbeitung schlechter als in der Ausgangssituation. Letztendlich richtet sich die Emotion nicht mehr auf den Streitgegenstand, sondern auf die Person. Objektive Tatsachen werden zu subjektiven Empfindungen, das heißt, der eigentliche Streitgegenstand tritt in den Hintergrund.

Konflikte finden nicht im luftleeren Raum statt.

Jeder hat das schon einmal erlebt. Man ist über Jahre mit einem Pärchen befreundet. Tatsächlich kommt es bei dem Paar zur Trennung und man steht vor der Frage, mit wem der beiden man weiterhin befreundet sein möchte. Mit dem eigentlichen Konflikt hat man nichts zu tun und schlagartig soll man sich für eine der Parteien entscheiden.

Tatsächlich führen eskalierende Konflikte häufig zu erheblichen Kollateralschäden.

Nicht nur die beiden Konfliktparteien stellen sich schlechter als vor dem Konflikt, sondern auch Unbeteiligte. In der Immobilienwirtschaft ist das bei eskalierenden Konflikten regelmäßig der Fall.

Rückblick: Über den Umgang mit Konflikten und Denkmustern, die bis heute nachwirken

Mit dem 24. Februar 2022, dem Tag des Kriegsausbruchs in Europa, wird die Geschichte der Konfliktbearbeitung fortgeführt. Resigniert könnte man sich fragen: Haben die Menschen wirklich nichts dazugelernt? Tatsächlich zeigt ein Rückblick Muster im Umgang mit Konflikten auf, die bis heute gelten.

ca. 8000 vor Christus

Durch Besitz beginnen Konflikte.

Spanische Höhlenmalereien mit kämpfenden Kriegern sind circa 10.000 Jahre alt. In dieser Zeit wurden aus Jägern und Sammlern sesshafte Bauern. Diese Veränderung hatte unvorstellbare Konsequenzen für die weitere Geschichte der Menschheit. Für Jäger und Sammler war Besitz gleichbedeutend mit Ballast, denn er musste herumgetragen werden. Im Moment der Sesshaftwerdung wurde Besitz existenziell. Der Konflikt um Sachen, die der eine hat und der andere haben möchte, bestimmt die weitere Geschichte der Menschheit. Jeder Besitz lockt nun jeden an, der diesen begehrte.

In Konflikten geht es oft darum, etwas zu besitzen, was jemand anders hat.

ca. 3500 vor Christus

Krieg wird als Form der Konfliktauseinandersetzung etabliert.

Vor 5500 Jahren kam es wohl zum ersten Krieg der Menschheitsgeschichte. Die wohlhabende Stadt Hamoukar im heutigen syrisch-irakischen Grenzgebiet wurde von den Einwohnern der Stadt Uruk vollständig zerstört. Der Stadtkern umfasste wohl 160.000 Quadratmeter und war von einer drei Meter dicken Mauer geschützt. Die Konfliktauseinandersetzung basierte auf Macht mit dem Ziel, den anderen zu vernichten. Mit der Bildung von Staaten bildeten sich über die Jahrhunderte Berufsarmeen. Kriege wurden mit der Zeit immer großflächiger und internationaler.

1260 vor Christus

Erstmalig wird eine Konfliktlösung auf der Basis von Interessensausgleich etabliert.

Als erster Friedensvertrag wurde 1260 v. Chr. der Ägyptisch-Hethitische Friedensvertrag geschlossen mit der Vereinbarung, sich bei einem Angriff Dritter gegenseitig beizustehen. Das gemeinsame Interesse als Teil der Konfliktbearbeitung wurde erfunden. Da man sich nicht gegenseitig vernichten kann, verbündet man sich und schützt sich gegenseitig gegenüber Dritten. Bei dieser Konfliktbehandlung stehen beide Parteien nachher besser da – zulasten der vorher Unbeteiligten.

Ausdehnung des eigenen Reiches führt zu innerem Frieden.

Das Römische Reich basierte auf militärischer Macht. In den Jahren 200 v. Chr. bis 480 nach Chr. war es das größte Reich im damaligen Europa. Die Gemeinde Rom wurde anfangs von den Etruskern, einem antiken Volk in Nord- und Mittelitalien, regiert. Rom wurde erst nach und nach selbstständig. Die Römer übernahmen viel von den Etruskern, vor allem wie man stabil baut. Sie zerstörten Fremdes nicht einfach, sondern übernahmen Konzepte und entwickelten sie weiter. Etwa ab dem Jahr 500 v. Chr. schwand der Einfluss der Etrusker immer mehr und es entstand die Römische Republik, die bis 27 v.Chr. fortwährte. Die römische Verfassung vereinte Elemente, die auf den ersten Blick nicht zusammenpassen.

Die beiden Konsuln führten das Land und dies insbesondere im Kriegsfall. Beide wurden aus den Reihen des römischen Adels gewählt. Sie mussten zwingend über Erfahrung in anderen öffentlichen Ämtern verfügen. Aufgrund der enormen Macht wurde der Konsul lediglich für ein Jahr gewählt und wurde um einen zweiten gleichberechtigten Konsul ergänzt. Dies diente der Kontrolle und der gegenseitigen Unterstützung. Letztendlich wurden über Senat und Volksversammlung die Bürger eingebunden. Dies war keine Entwicklung über Nacht, sondern dauerte lange Zeit. Dass fast alle mitbestimmen konnten, war ein Teil des römischen Erfolgs. Für Frauen und Sklaven galten diese Privilegien allerdings nicht.

Die Stadt Rom eroberte nach und nach Mittel- und Süditalien. Die besiegten Gebiete wurden an Rom gebunden. Sie wurden Bundesgenossen. Sie mussten im Kriegsfall Soldaten stellen und ansonsten Steuern zahlen. Grundsätzlich erlaubten die Römer den besiegten

Gebieten viel Eigenverwaltung: Die Römer banden die Führer der eroberten Gebiete ein, die sogar römische Bürger werden durften. Die Gebiete wurden romanisiert, indem die römische Kultur eingeführt wurde, was vor allem dadurch geschah, dass man Latein sprach. Das Karthagische Reich war die führende See- und Handelsmacht in Europa. Die Überlegenheit drückte sich in der Technologie, Schiffe zu bauen, aus. Infolge eines Sturms strandete ein karthagisches Schiff an der Küste Roms. Die Römer kopierten seinen Bau und ergänzten ihre Exemplare um Enterbrücken. Dadurch konnten Soldaten auf das gegnerische Schiff gelangen und auf See Krieg führen wie an Land. Im Ergebnis wurde Karthago im Jahre 146 v. Chr. zerstört.

Trotzdem kam es zu massiven inneren Spannungen im Reich. Die ständigen Kriege führten dazu, dass Menschen in den Krieg ziehen mussten und sich in dieser Zeit nicht um die Ernährung ihrer Familien kümmern konnten. Ein Teufelskreis, der letztlich zur Verarmung dieser Bevölkerungsgruppe führte. Das Miteinander der gesellschaftlichen Gruppe funktionierte nicht mehr. Rom war in sehr großen Gebieten unterwegs, um fremde Länder zu erobern. Dementsprechend hoch waren die damit verbundenen Kosten, wodurch sich das alte Problem verschärfte. Die Reichen konnten immer mehr Bauernhöfe übernehmen und sie durch Sklaven bewirtschaften lassen, während immer mehr Bürger von Rom ins Proletariat abstiegen zu den Land- und Besitzlosen. Nun kam es zur Reform der Streitkräfte. Der Aufstieg Roms wäre ohne Wehrplicht nicht denkbar gewesen. Doch erwies sich spätestens im ersten Jahrhundert v. Chr., dass dieses System für das entwickelte Imperium nicht mehr taugte. Letztlich zerrüttete die oft jahrelange Abwesenheit der römischen Rekruten die gesamte Landwirtschaft des Reiches.

Der Grund für Wachstum und Stabilität des römischen Imperiums war lange, dass unterworfene und eingewanderte Völker sehr schnell intrigiert werden konnten. Die Menschen wollten Teil des Erfolgsmodells Roms sein. Rom selbst hatte ebenfalls Interesse an der Integration der Völker. Geschickte Handwerker und Tüchtige konnte das Reich gut gebrauchen. Rom tolerierte die mitgebrachten Traditionen, solange die Neubürger Steuern zahlten und der römischen Obrigkeit gehorchten. Letztlich stellte dies einen Gesellschaftsvertrag zwischen Staat und Bürger dar: Schutz der Familie und ein Dach über dem Kopf im Gegenzug für Treue und Steuern für den Kaiser.

Im dritten Jahrhundert geriet das Römische Reich von allen Seiten in Bedrängnis. Es waren mächtige Feinde, die das Reich an Rhein und Donau bedrängten. Unter der sogenannten Reichsteilung von 395 n. Chr. versteht man die nach dem Tod von Theodosius I. erfolgte Teilung des Imperium Romanum in eine westliche und eine östliche Hälfte, in der jeweils ein Kaiser residierte. Der erste oströmische Kaiser war Theodosius‘ älterer Sohn Arcadius, der erste weströmische Kaiser sein jüngerer Sohn Honorius. Kaiserresidenz des Ostens war Konstantinopel, im Westen residierte der Hof zunächst in Mailand, später dann meist in Ravenna sowie vereinzelt auch in Rom.

West- und Ostrom waren im fünften Jahrhundert allerdings nicht etwa zwei voneinander unabhängige Reiche, sondern bildeten nach damaligem Verständnis weiterhin gemeinsam das unteilbare Imperium Romanum. So gab es weiterhin auch nur ein einziges römisches Bürgerrecht (Civitas Romana). Es ist daher zutreffender, von einer Teilung der Herrschaft im Römischen Reich statt von einer Reichsteilung zu sprechen, auch wenn es nach 395 in vielerlei Hinsicht zu einer langsamen Spaltung der beiden Reichshälften kam. Letztlich begann hier auch der Untergang des bisherigen Roms.

Mit dem Zerfall des Römischen Reiches kam der Krieg zurück und eine neue Waffenklasse Krieger kam – die Ritter.

1200 bis 1600 nach Christus

Waffentechnik verändert die Kriegsführung.

Das gesamte Mittelalter war von Rittern geprägt. Die Bezeichnung Ritter ergab sich aus der Kriegsführung auf dem Pferd. Die Ritter waren Berufskrieger, kämpften für den Lehnsherren und bekamen im Gegenzug Grund und Boden als Lehen.

Neben das bisherige Volksheer aus leicht bewaffneten, wehrpflichtigen Bauern trat ein berittenes Berufskriegerheer. Da die Ansprüche an die Kampftechnik und die Bewaffnung wuchsen und die Möglichkeiten einfacher Bauern überstiegen, wurde das alte Volksaufgebot schließlich im Hochmittelalter gänzlich vom Ritterheer verdrängt. Der Ritter war zur Leitfigur der Gesellschaft an den Kaiser- und Fürstenhöfen geworden. Es galt als vornehm, Ritter zu sein und ritterlich zu leben. So ließ Kaiser Barbarossa zu Pfingsten 1184 auf einem glanzvollen Fest in Mainz, an dem 70.000 Ritter teilgenommen haben sollen, seine beiden Söhne zu Rittern weihen. Der verbesserten Waffentechnik hielten im 14. Jahrhundert die Rüstungen der Ritter nicht mehr stand. Der Nahkampf wurde zum Auslaufmodell.

Krieg bis zur vollständigen Erschöpfung, aus der zwangsläufig Frieden entsteht.

Das Schießpulver und leichte Schusswaffen veränderten den Umgang mit Konflikten. Im Dreißigjährigen Krieg von 1618 bis 1648 kamen sie zur Anwendung.
Dadurch kamen laut Schätzungen 3 bis 9 Millionen Menschen ums Leben.

Insgesamt hatte die Bevölkerung 15 bis 20 Millionen Tote zu beklagen. Neben den Waffen waren Seuchen und Hungersnöte Ursachen für die unvorstellbare Anzahl an Toten. Die Anzahl der Toten im Verhältnis zur Bevölkerung war damit höher als im zweiten Weltkrieg.

Der Konflikt wurde größtenteils auf dem Gebiet des Heiligen Römischen Reiches Deutscher Nation ausgetragen. Seine Brutalität, die lange Dauer und das unsägliche Leid der Zivilbevölkerung stellte alles bis zu diesem Zeitpunkt Dagewesene in den Schatten und entvölkerte manche Landstriche zu über 66 %. Der Konflikt war einerseits ein Glaubenskrieg zwischen der Katholischen Liga und der Protestantischen Union. Andererseits war er ein Kampf um die Vorherrschaft im Heiligen Römischen Reich zwischen dem Habsburger Kaiser und mehreren Landesfürsten im Inneren und zwischen dem Reich und europäischen Widersachern wie Frankreich, Dänemark und Schweden im Äußeren.

Obwohl die religiösen Gegensätze, vor allem am Ende des Krieges, immer mehr an Gewicht verloren, war die 1517 beginnende Reformation und die damit einhergehende Abspaltung der protestantischen von der katholischen Kirche einer der gewichtigsten Gründe für den später ausbrechenden Krieg.

Dreißig lange Jahre und fünf Monate wütete der Krieg, der so entsetzliches Leid über das Reich und Europa brachte wie noch kein Konflikt zuvor. Im einunddreißigsten Kriegsjahr waren endlich alle Parteien bereit, die schon seit Jahren geführten Friedensverhandlungen von Osnabrück und Münster zu Ende zu bringen. Das heute unter dem Namen Westfälischer Friede bekannte Ereignis bezeichnet alle zwischen dem 15. Mai und dem 24. Oktober abgeschlossenen Friedensverträge und somit das Ende des Dreißigjährigen Krieges. Während in Münster unter päpstlicher und venezianischer Vermittlung die europäischen Rahmenbedingungen und insbesondere der Frieden zwischen Spanien und den Niederlanden verhandelt wurden, ging es in Osnabrück um die zukünftige deutsche Verfassung und den Friedensschluss mit Schweden. Hier wurde, im Gegensatz zu Münster, direkt und ohne Vermittler zwischen den Parteien verhandelt.

Erst nachdem Mitte 1648 eine Niederlage für Kaiser Ferdinand III. immer absehbarer wurde, stimmte er den Friedensbedingungen zu und die abschließenden Verträge konnten am 24. Oktober 1648 in Münster unterzeichnet werden.

1494 – 1945

Kulturelle Überlegenheit als Kriegsmotiv.

Der Kolonialismus begann 1492 und endete mit der Gründung der UNO als Konzept gleichwertiger Nationen weltweit. Kolonialismus bezeichnet eine auf den Erwerb und Ausbau von Kolonien gerichtete Politik. Die Essenz des Begriffs »Kolonialismus« liegt in dem Leitmotiv der Expansion einer Gesellschaft über ihren bestehenden Siedlungsraum hinaus. Als Kolonialismus werden die Anstrengungen eines Kollektivs zur Errichtung und Stabilisierung einer Herrschaftsbeziehung über ein kulturell fremdes Kollektiv bezeichnet. Dem kolonisierten Kollektiv werden fundamentale Möglichkeiten einer selbstbestimmten Lebensführung genommen, wobei die Herrschaftsausübung typischerweise mit einer angenommenen kulturellen Überlegenheit und dem Gedanken einer zivilisatorischen Mission gerechtfertigt wird. Die Kolonialisierung führte dazu, dass im Jahre 1900 etwa 90 % der Landfläche Afrikas von Europa kolonialisiert wurden. 1935 wurden 85 % der weltweiten Landfläche durch Europa kontrolliert.

Der Erste Weltkrieg

Konflikte erfassen die ganze Welt.

Das Attentat von Sarajevo auf den österreichisch-ungarischen Thronfolger Franz Ferdinand und seine Frau gilt als Auslöser für den Ersten Weltkrieg. Die Ereignisse nach dem Attentat sind auch als »Juli-Krise« bekannt. Ein neunzehnjähriger serbischer Student hatte am 28. Juni 1914 das Feuer auf das österreich-ungarische Thronfolgerpaar, das zu Besuch in Sarajevo war, eröffnet. Mit dem Attentat wollten die von Russland unterstützten serbischen Panslawisten ihre Forderung nach einem von Österreich-Ungarn unabhängigen serbischen Nationalstaat noch einmal deutlich machen. In Wien drängte das Militär auf einen schnellen Vergeltungsschlag gegen Serbien. Das Deutsche Reich sicherte Österreich-Ungarn die uneingeschränkte Bündnistreue (»Blankoscheck«) gegenüber der Donaumonarchie zu. Ein schneller und energischer Militärschlag gegen Serbien sollte Tatsachen schaffen und Russland von einem Eingreifen abhalten. Die Reichsregierung wollte den Konflikt zwischen Österreich-Ungarn und Serbien einerseits lokal begrenzen. Andererseits hielt man den Zeitpunkt für einen Krieg gegen Russland für geeignet, da Russland mit seiner Soldatenstärke Deutschland zu erdrücken drohte.

Österreich-Ungarn setzte nun auf gezielte Provokationen gegen Serbien: In einem 48-Stunden-Ultimatum vom 23. Juli 1914 wurde das Land dazu aufgefordert, die noch freien Mitglieder der Attentätergruppe festzunehmen und alle radikalen Vereine aufzulösen. Diese und weitere Forderungen waren so formuliert worden, dass sie für Serbien inakzeptabel waren. Daraufhin stellte Russland sich für den Fall militärischer Aggression von Österreich-Ungarn unmissverständlich an die Seite Serbiens.

Am 24. Juli forderte England die Regierungen von Russland, Frankreich, Deutschland und Italien zu Verhandlungen auf. Am 25. Juli antwortete Serbien auf das Ultimatum, erfüllte aber nicht alle von Österreich gestellten Bedingungen. Serbien begann mit einer Teilmobilmachung des Militärs. Am 28. Juli erklärte Österreich-Ungarn Serbien noch während der Verhandlungen den Krieg, Russland machte ebenfalls teilmobil. Am 30. Juli waren sowohl Russland als auch Österreich-Ungarn im Kriegszustand.

Am 1. August erklärte das Deutsche Reich Russland den Krieg, am 4. August Frankreich. Deutsche Truppen griffen Frankreich von Nordosten an und verletzten dabei die Neutralität Belgiens und Luxemburgs. Dies führte zum Kriegseintritt der belgischen Garantiemacht Großbritannien. Am 6. September begann die französische Offensive gegen die deutsche Armee mit der Schlacht an der Marne. Den britischen und französischen Truppen gelang es nach

Wochen der Niederlagen und des Rückzugs, den Ansturm der deutschen Armee aufzuhalten. Mit der Schlacht an der Marne endete der Bewegungs- und begann der mörderische Stellungskrieg an der Westfront. Am 11. November 1918 endete der Erste Weltkrieg. Wie kam es dazu?

Nach Russlands Ausscheiden aus dem Krieg versuchte Deutschland, an der Westfront eine Entscheidung herbeizuführen, bevor die amerikanischen Truppen vollständig in Europa eingetroffen waren. Doch der deutsche Angriff scheiterte nach einem hoffnungsvollen Auftakt. Im Juli 1918 gingen die Alliierten, Frankreich und Großbritannien sowie die USA, zum Gegenangriff über. Am 8. August 1918 gelang ihnen der endgültige Durchbruch durch die deutsche Front. Dieser Tag ging als »Schwarzer Tag des deutschen Heeres" in die Geschichte ein. Damit war die Niederlage der Mittelmächte besiegelt.

Ebenso wie schon in Russland im Jahr zuvor nahm nun auch im ausgehungerten Deutschland die Kriegsmüdigkeit zu. Immer wieder kam es zu Streiks und Meutereien. Es regte sich auch immer größerer innenpolitischer Widerstand. Um die Ehre der Armee zu retten, schoben die Generäle die Verantwortung zuletzt den Politikern zu und überließen es ihnen, um Frieden nachzusuchen. Dem Kaiser legten sie den Heldentod oder die Abdankung nahe. Doch Wilhelm II. floh nach Holland ins Exil.

Kaiser Wilhelms Reichskanzler Prinz Max von Baden verkündete am 9. November 1918 das Ende der Monarchie und ernannte den Sozialdemokraten Friedrich Ebert zum neuen Reichskanzler. Zwei Tage später, am 11. November 1918, unterzeichnete die neue deutsche Regierung, vertreten durch Staatssekretär Matthias Erzberger, im Wald von Compiègne (nördlich von Paris) einen Waffenstillstand. Dieser Vertrag kam einer bedingungslosen Kapitulation gleich, d. h. das Deutsche Reich erkannte seine Niederlage an und ergab sich, ohne Bedingungen zu stellen.

Die Bilanz: In den vier Kriegsjahren seit 1914 hatten fast zehn Millionen Soldaten ihr Leben verloren, 20 Millionen waren verwundet worden. Die Anzahl der zivilen Opfer wird auf weitere sieben Millionen geschätzt. Zum Ende des Krieges befanden sich 25 Staaten mit rund 1,4 Milliarden Menschen im Kriegszustand, das waren etwa drei Viertel der damaligen Erdbevölkerung.

Der Zweite Weltkrieg

Konflikte erfassen die ganze Welt. Teil II.

Mit dem deutschen Überfall auf Polen am 1. September 1939 begann der von Adolf Hitler seit Langem geplante Krieg um »Lebensraum im Osten«. In Deutschland löste der Kriegsbeginn trotz der massiven NS-Propaganda vor allem Bedrückung aus. Viele Menschen blickten angstvoll in die Zukunft, den meisten Erwachsenen waren die Erinnerungen an die katastrophalen Folgen des Ersten Weltkrieges noch zu präsent. Die Erfolge der Wehrmacht an den Kriegsschauplätzen erzeugten in der Heimat jedoch schnell eine spürbare Siegeseuphorie, die auch in den ersten Monaten nach dem deutschen Überfall auf die Sowjetunion 1941 noch anhielt. Dieses kollektive Stimmungshoch in dem halb Europa beherrschenden Deutschen Reich stand im krassen Kontrast zu der allgemeinen Perspektiv- und Trostlosigkeit, die nur wenige Jahre später im besiegten, besetzten und weitgehend zerstörten Deutschland vorherrschte.

Die Kriegswende: Das Deutsche Reich kämpfte ab 1942 gegen eine feste Koalition aus den USA, Großbritannien und der Sowjetunion. Deren überlegene Kampfkraft bestimmte das Kriegsgeschehen immer eindeutiger. Zwar gelangen der Wehrmacht im Sommer 1942 noch einmal große Geländegewinne im südlichen Frontabschnitt der Sowjetunion, jedoch begann schon wenig später ihr erzwungener Rückzug nach Westen. Die deutsche Herrschaft in Europa begann 1943 zu bröckeln. Zum Symbol der Kriegswende im Osten wurde Stalingrad, wo die verlustreiche Niederlage der Wehrmacht zu Jahresbeginn 1943 die Moral vieler Deutscher zutiefst erschütterte. Unter dem unmittelbaren Eindruck der Katastrophe in Stalingrad proklamierte Reichspropagandaminister Joseph Goebbels am 18. Februar 1943 den »totalen Krieg«: Die »opferbereite Heimatfront« sollte mit der Mobilisierung der letzten personellen und materiellen Ressourcen noch einmal zu Höchstleistungen angespornt werden. Gleichzeitig schlug der Krieg immer öfter auf Deutschland zurück. Mit systematischen Flächenbombardierungen reiner Wohnviertel fernab von Militär- und Industrieanlagen wollten Briten und Amerikaner die Moral der Deutschen brechen. Die gezielten Luftangriffe auf die Zivilbevölkerung steigerten aber zumeist deren Durchhaltewillen und den Hass auf den Feind.

Je näher die Alliierten an die Reichsgrenzen vorrückten, desto stärker entfachte die NS-Propaganda den Widerstandswillen der Bevölkerung gegen die »rasende Rachsucht der Roten Armee«. Trotz der unabwendbaren Niederlage wurden noch Hunderttausende Soldaten sowie Volkssturmkämpfer in militärisch sinnlose Schlachten geschickt. In ihrem ungebrochenen Fanatismus befahl die militärische Führung den Soldaten, unhaltbare Stellungen bis zur sprichwörtlich letzten Patrone zu verteidigen.

Ende des Zweiten Weltkrieges

Das Kriegsende als Zeitenwende für die heutige Weltordnung.

Riesige Trecks von Flüchtlingen vor sich hertreibend, erreichte die Rote Armee im Januar 1945 die Oder und Neiße. Drei Monate später verlief die Ostfront entlang der Außenbezirke von Berlin. Im Westen marschierten die Alliierten nach der Landung in der Normandie im Juni 1944 weitgehend nach Plan vor. Anfang September 1944 war Frankreich vollständig befreit, wenig später stieß ein amerikanischer Spähtrupp bei Trier erstmals auf Reichsgebiet vor. Nachdem die letzte deutsche Offensive in den Ardennen im Winter 1944/45 gescheitert war, besetzten alliierte Truppen große Gebiete des Deutschen Reiches im Westen. Hier wurden sie von der Bevölkerung zumeist freundlich begrüßt. Die Menschen waren erleichtert, dass Amerikaner, Briten und Franzosen und keine Rotarmisten als Besatzer einrückten.

Mit der bedingungslosen Kapitulation der Wehrmacht endete am 8. Mai 1945 der von Deutschland entfachte Krieg und die zwölfjährige NS-Herrschaft. Die meisten Deutschen, sofern sie nicht aus politischen, rassischen oder religiösen Gründen verfolgt oder inhaftiert worden waren, empfanden die Kapitulation nicht als Befreiung, sondern als Zusammenbruch. Aber auch bei ihnen herrschte Erleichterung über das Ende des Krieges, der weltweit über 50 Millionen Menschenleben forderte. Für viele Deutsche stand das Kriegsende im Zeichen von Ungewissheit und Angst vor der Zukunft. Angst hatten die Menschen vor einem Frieden, der Deutschland diktiert werden könnte, und vor harten Strafen für begangene Verbrechen in Europa. Viele NS-Funktionäre wählten in den letzten Kriegstagen deshalb den Freitod. Andere Männer und Frauen begingen Selbstmord, weil der bis zuletzt propagierte

»Endsieg« ausblieb und sie nach 1918 eine erneute Kriegsniederlage Deutschlands nicht ertragen konnten. Millionen Flüchtlinge, Ausgebombte und Kriegswaisen begaben sich 1945 in einem durch Verlust und Zerstörung veränderten Deutschland auf die schwierige Suche nach einer neuen Heimat.

In allen kriegsbeteiligten Staaten hinterließ der Zweite Weltkrieg Spuren und gesellschaftliche Risse, wenn auch in unterschiedlichem Ausmaß. Entlang der Frontverläufe waren Dörfer, Städte, Infrastrukturen und Versorgungseinrichtungen zerstört oder beschädigt, Überlebende traumatisiert. Wohnraummangel, Versorgungsschwierigkeiten sowie Seuchen und Hungersnöte mit ungezählten Toten herrschten in weiten Teilen Europas, wo die Menschen angesichts der Kriegsfolgen und wirtschaftlichen Krisen einer unsicheren Zukunft entgegenblickten.

Aus dem Zweiten Weltkrieg waren die USA und die UdSSR als Weltmächte hervorgegangen. Sie standen für zwei gegensätzliche Wirtschaftssysteme und Ideologien. Mit der Entwicklung immer neuer Waffentechnologien kam etwa ab Anfang der 1950er Jahre ein Wettrüsten in Gang. Als die Sowjetunion 1957 die erste funktionsfähige Interkontinentalrakete der Welt präsentierte, herrschte im Westen Alarmstimmung (»Sputnikschock«). Allerdings machten die langen Vorwarnzeiten einen Überraschungsangriff mit Flugzeugen wie auch mit Raketen nahezu unmöglich.

Ausrottung der Menschheit durch Atomwaffen möglich.

Um diese Vorwarnzeiten zu umgehen, mussten Raketen näher am Ziel installiert werden. Im Jahre 1958 begann die Sowjetunion mit der Aufstellung von atomaren Mittelstreckenraketen des Typs R-5M in der DDR, die gegen Ziele in Westeuropa, insbesondere die Bundesrepublik Deutschland, gerichtet waren. Sie wurden jedoch 1959 überraschend nach Kaliningrad verlegt. Die nächste Stufe des Wettrüstens folgte noch in demselben Jahr. Diese erreichten die USA im Januar 1959 mit der Aufstellung von nuklearen Mittelstreckenraketen des Typs Thor in England sowie Jupiter-Raketen in Apulien (Süditalien) und in der Nähe von Izmir in der Türkei. Dabei wurde selbst ein nuklearer Erstschlag nicht ausgeschlossen, der den Gegner durch massiven Einsatz von Kernwaffen vernichten und jede Vergeltung unmöglich machen sollte.

Anfang der 1960er Jahre war es erstmals möglich, dass beide Supermächte einander von heimischem Boden aus mit nuklear bestückten Interkontinentalraketen hätten beschießen können. Das Bündnis zwischen der Sowjetunion und Kuba war für beide Staaten vorteilhaft. Die UdSSR hoffte, ihr strategisches Defizit gegenüber den USA auszugleichen, wenn das gegnerische Territorium durch Mittelstreckenraketen erreichbar würde, und Kuba betrachtete die Sowjetunion als wichtigsten Handelspartner und Schutzmacht, welche die Regierung Castro vor gewaltsamer Einflussnahme der USA schützen konnte.

Die Kubakrise im Oktober 1962 war eine Konfrontation zwischen den Vereinigten Staaten von Amerika und der UdSSR, die sich aus der Stationierung sowjetischer Mittelstreckenraketen auf Kuba im

Rahmen des nuklearen Wettrüstens entwickelte. Die eigentliche Krise dauerte 13 Tage. Ihr folgte eine Neuordnung der internationalen Beziehungen. Mit der Kubakrise erreichte der Kalte Krieg eine neue Dimension. Beide Supermächte kamen während dieser Krise einer direkten militärischen Konfrontation und somit einem möglichen Atomkrieg am nächsten. Erstmals wurden daraufhin dessen ungeheure Gefahren einer breiten Öffentlichkeit bewusst.

Montag, 22. Oktober, einer der bedeutendsten Tage der Krise: Am Morgen kündigten amerikanische Zeitungen eine Rede des Präsidenten von nationaler Bedeutung für 19 Uhr Washingtoner Zeit an. Alle US-Streitkräfte weltweit wurden in erhöhte Einsatzbereitschaft versetzt, weitere US-Soldaten wurden zur Vorbereitung einer Invasion nach Florida verlegt und rund 200 Kriegsschiffe um Kuba in Stellung gebracht. Die Regierungsvertreter Großbritanniens, Frankreichs, der Bundesrepublik Deutschland und Kanadas wurden informiert und versicherten Kennedy ihre volle Unterstützung. In seiner Fernsehansprache informierte Kennedy die Weltöffentlichkeit über die sowjetischen Raketen auf Kuba und verkündete den Beginn der Seeblockade für den 24. Oktober. Er forderte den sowjetischen Regierungschef Nikita Chruschtschow zum Abzug der Raketen aus Kuba auf und drohte für den Angriffsfall mit einem atomaren Gegenschlag. Ab diesem Zeitpunkt war die Kubakrise öffentlich. Im Rahmen der Seeblockade erzwangen die USA ein Auftauchen eines U-Boots der UdSSR. Die Besatzung versuchte, Kontakt mit der UdSSR aufnehmen, um Weisungen zu bekommen, dies gelang ihr jedoch nicht. Deshalb befand sich die Besatzung im Unklaren, ob der Krieg bereits ausgebrochen war. Insofern wollten die Verantwortlichen sich verteidigen und einen atomar bestückten Torpedo starten.

Atomarer Weltkrieg möglich

Beinahe atomarer Weltkrieg durch Kommunikationspanne.

Wassili Alexandrowitsch Archipow verweigerte die Zustimmung zum Abschuss eines Atomtorpedos. Dadurch verhinderte er wahrscheinlich einen Dritten Weltkrieg. Letztlich verständigte sich die Diplomatie darauf, keine Raketen in Kuba zu stationieren. Die USA bauten zudem im Rahmen einer nicht-öffentlichen Mission die Raketen in der Türkei ab.
Der Mensch ist bis heute bereit, zur Durchsetzung seines Willens den Tod anderer Menschen in Kauf zu nehmen. Wenn ein Gegner nicht besiegbar ist, kommt es zu Allianzen. Teilhabe führt zum Frieden. In der totalen Eskalation führte Krieg auch früher schon zur Selbstzerstörung, weil es durch die Kriegsverluste entweder an Bauern oder an Kriegern fehlte. Erschöpfung bringt Konfliktparteien dazu, sich zu einigen. Mit der Erfindung der Atomwaffen sind Kriege in der letzten Eskalationsstufe wahrscheinlich das Ende der Menschheit.

Zusammenfassung des historischen Rückblicks

Mit den Immobilien begannen die Konflikte.

> Als Ergebnis des Rückblickes bleibt festzuhalten, dass die Gewalt mit dem Besitz von Immobilien dramatisch zugenommen hat.

Deshalb sind die bekannten neun Eskalationsstufen um eine weitere Stufe zu ergänzen. Diese Stufe 10 stellt sich wie folgt dar: Beide Konfliktparteien stehen schlechter da als vor dem Konflikt. Aber zusätzlich dazu stehen auch Nicht-Konfliktparteien als indirekt Betroffene schlechter da als vor dem Konflikt.

Ich nenne die Stufe daher LOSE-LOSE-LOSE! Sie führt uns die weiterreichende Eskalation von Konflikten deutlich vor Augen.

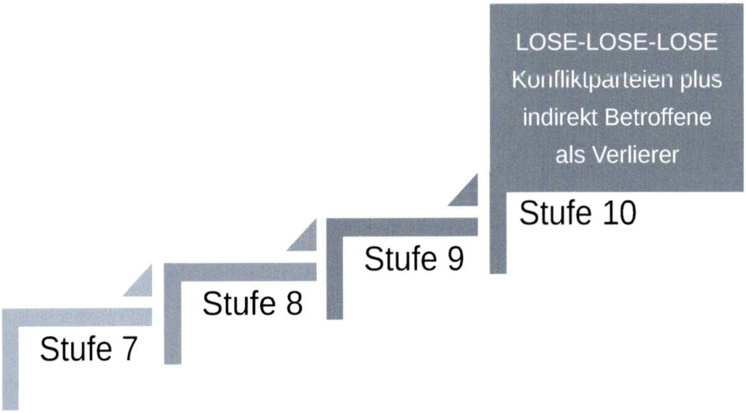

Aktuelle Konflikttreiber in der Immobilienwirtschaft

Konflikte sind etwas Natürliches. Trotzdem können sie durch Begleitumstände verstärkt werden, sodass sie eskalieren.

Menschen gibt es etwa seit 300.000 Jahren, sesshaft wurden die Menschen vor ca. 10.000 Jahren. In der Zeit der Jäger und Sammler war Besitz ein Nachteil, weil er Ballast war. Besitz bekam mit dem Sesshaftwerden eine völlig neue Bedeutung.

Ein Dauerthema in der Immobilienwirtschaft ist das Thema Stadtflucht und als Gegenbewegung das Thema Landflucht. Genau das Verhältnis Stadt zu Land ist mir derzeit auf eine sehr interessante Weise begegnet: Es gab im Jahr 2007 in der Londoner Tate Gallery of Modern Art eine Ausstellung über die Städte der Welt. Anlass war, dass damals – im Jahr 2007 – weltweit erstmals mehr Menschen in Städten lebten als auf dem Land.

Diese Veränderung der Städte sowie der Größe der Städte wird deutlich, wenn man die 15 größten Städte dieser Erde im Jahr 1910 und heute betrachtet. Alle Städte haben heute mindestens doppelt so viele Einwohner wie im Jahr 1900. London war 1910 mit 7,2 Millionen Einwohnern die größte Stadt der Welt. Heute ist es Shanghai mit über 26 Millionen Menschen. Insgesamt stieg die Weltbevölkerung von 2,53 Milliarden (1950), auf 4,45 Milliarden (1980), auf 6,93 Milliarden (2010), auf heute 8 Milliarden Menschen. Mit dieser Explosion der Bevölkerungszahlen geht die Explosion der Verteilungskonflikte einher.

Durch Klimawandel, Verletzung der Menschenrechte, Ungleichheit und Armut sowie Krieg schwinden die Gebiete, die bewohnbar sind. Weltweit sind 84 Millionen Menschen auf der Flucht. Viele dieser Entwicklungen bestimmen, beginnend mit dem Kolonialismus, die Art unseres heutigen Wirtschaftens auf der Erde und sind von Europa mit zu verantworten. Die Immobilienwirtschaft in Deutschland ist davon betroffen, weil viele Menschen in Deutschland leben wollen und leben werden.

In Deutschland gibt es einen Trend zur Singularisierung und zur Individualisierung. Paare leben in zwei Wohnungen, obwohl sie in einer festen Beziehung leben. In manchen Fällen wohnen Personen allein in Häusern, die für eine Nutzung von mehreren Familien verschiedener Generationen gedacht waren. Statt sieben oder acht Personen wohnt nun eine Person in dem Haus. Die Beteiligten werden bei der Änderung der Situation mit Kosten konfrontiert, die auch aus diesem Grund ein Verbleiben fördern.

Im Kontrast dazu steht die Situation der 20 % einkommensschwächsten Haushalte in Deutschland. Ihre Wohnkosten sind in den letzten 15 Jahren um 40 % gestiegen. Im Gegensatz dazu sind die Wohnkosten der 10 % einkommensstärksten Haushalte gesunken. Dies ist dadurch zu erklären, dass die Gruppe der Einkommensschwächsten mit Mieterhöhungen und Modernisierungsumlagen konfrontiert wird, während Teile der Einkommensstärksten schon vor 15 Jahren und früher Wohneigentum geschaffen und bei der Anschlussfinanzierung von der Niedrigzinspolitik der Europäischen Notenbank profitieren haben.

Sozialer Wohnungsbau:

Die soziale Wohnungsbauförderung weitet das Wohnraumangebot zu Preisen unterhalb der Marktmiete aus und ermöglicht Haushalten mit einem Wohnberechtigungsschein eine Teilhabe an dem Gut

Wohnung. Gab es 1990 noch ca. drei Millionen Sozialwohnungen, so ist diese Zahl seitdem um mehr als 50 % reduziert worden. Dazu kommt, dass lediglich 46 % der Bewohner von Sozialwohnungen die notwendigen Kriterien erfüllen. Die sogenannte Fehlbelegungsquote entspricht ungefähr 54 %. Oft diskutiert wurde der Vorschlag, die Wohnungszuweisung passgenau einkommensabhängig zu machen, da der Zielgruppe dadurch 100 % der entsprechenden Wohnungen zur Verfügung stehen würden. Bisher wurde diese Idee verworfen, weil die Folgen der fehlenden Durchmischung als gravierender eingestuft werden.

Historischer Hintergrund des sozialen Wohnungsbaus:

Um die aktuelle Wohnsituation der Bevölkerung in Deutschland und die sich daraus ergebenden Konflikte zu verstehen, wird im Folgenden dargestellt, wie die Politik in den Jahren von 1949 bis heute dieses Thema behandelt hat. Die Wohnungspolitik in den vergangenen Jahrzehnten befand sich im steten Wandel und hatte weitreichenden Einfluss auf den sozialen Wohnungsbau. Die Zeit nach dem Krieg war geprägt von der beträchtlichen Wohnungsnot, die durch den Weltkrieg verursacht worden war. Schätzungen zufolge fehlten nach dem Kriegsende durch die Flüchtlingsströme nach Deutschland 4.600.000 Wohnungen. 1965 hatten immerhin schon 77 % der Haushalte eine eigene Wohnung, 1950 waren es nur 60 %.

In den Jahren 1956 bis 1962 wurden im Jahr durchschnittlich über 550.000 Wohnungen gebaut. Der Anteil geförderter Wohnungen an Neubauwohnungen sank in dieser Zeit von 51 % auf 42 %. Selbst im Jahr 1962 wurden noch 242.000 Wohnungen gebaut – eine aus heutiger Sicht unvorstellbar hohe Zahl. Zwischen 1950 und 1963 konnten private Haushalte stark steigende Einkommen verzeichnen.

Im Schnitt verdreifachten sich diese. Die Kosten für die Wohnung beliefen sich damals auf 10 % des Einkommens.
Als die Wohnungsnot überwunden war, forderte die FDP eine Liberalisierung des Wohnungsmarktes. Die CDU sah Wohnungspolitik als Teil der Familienpolitik. Die SPD war gegen einen Abbau der Wohnungszwangswirtschaft. Eine zentrale Veränderung in der Wohnungspolitik war die Einführung des Wohngeldes, also einer subjektbezogenen Beihilfe, zum 1.4.1965. Die Diskussion, ob Wohnungspolitik auf einer Objekt- oder Subjektförderung basieren sollte, begleitet die Politik bis heute. Kritiker der Subjektförderung wenden ein, dass diese keine Wohnungen entstehen lasse und einen Teil der Sicherung der hohen Mieten für die Vermieter darstelle.

1964 wurde der bis dahin höchste Stand fertiggestellter Wohnungen nach dem zweiten Weltkrieg erreicht. Er betrug damals 624.000 Wohnungen im Jahr, wovon 41,6 % geförderte Wohnungen waren. Das entsprach 260.000 Wohnungen. 1969 gab es in der Bundesrepublik Deutschland eine Zeitenwende: Die erste schwarz-rote Koalition wurde durch die erste sozialliberale Koalition abgelöst. Die neue Regierung sah einen Bedarf von 800.000 zusätzlichen Wohnungen. Die Bevölkerung war gegenüber den Sechzigerjahren um 7 % auf 60,8 Millionen Einwohner gewachsen. Gleichzeitig wuchs die Anzahl der Privathaushalte aufgrund der Tendenz zu kleineren Haushalten um fast 15 % von 19,4 Millionen auf 22,2 Millionen Haushalte an. Es ergab sich also ein tatsächlicher Bedarf von 1,8 Millionen Wohnungen.

Im Herbst 1982 wechselte die politische Situation erneut. Nun wurde eine schwarz-gelbe Koalition installiert. Rechnerisch entfielen zu diesem Zeitpunkt auf jeden Haushalt 1,03 Wohnungen. Die Bundesrepublik Deutschland hatte damals 61,5 Millionen Einwohner, die sich auf 25,3 Millionen Haushalte aufteilten. Politisch war das

Ziel einer ausreichenden Wohnungsversorgung erreicht. Die Qualität wurde parallel zu dieser Entwicklung stetig besser: 90 % der Wohnungen verfügten Mitte des Jahres 1982 über Bad und WC. Die Wohnfläche war in den vergangenen zehn Jahren um 43 % gestiegen, womit jeder Person im Durchschnitt eine Wohnfläche von 34,7 qm zur Verfügung stand. Der politische Neuanfang führte auch dazu, dass die schwarz-gelbe Koalition die Deregulierung der Wohnungspolitik forderte. Die staatlichen Investitionen in den geförderten Wohnungsbau wurden zurückgefahren. Im Ergebnis sank die Anzahl der geförderten Wohnung im Neubau von 99.000 (1982) auf 39.000 (1988) und auf 18,6 % am Gesamtneubau von Wohnungen. Der Anteil der geförderten Wohnungen war auf dem niedrigsten Niveau seit 1945. In der Zeit von 1983 bis 1988 sank die Neubautätigkeit um 40 %, im geförderten Wohnsektor sogar um 60 %.

Die Folge dieses Rückgangs der Bautätigkeit war eine erneute Wohnungsnot. Das Ausmaß war so groß, dass Vertreter der Politik den sozialen Frieden gefährdet sahen. Die Politik startete erneut eine Bauoffensive. Nachdem 1988 mit 209.000 gebauten Wohnungen die wenigsten Wohnungen seit 1950 gebaut wurden, steigerte sich das Bauvolumen in den darauffolgenden Jahren kontinuierlich. Im Jahr 1995 wurden seit 20 Jahren erstmals wieder über 600.000 Wohnungen in einem Jahr errichtet.

Obwohl sich 1995 bereits ein Wohnungsüberschuss, insbesondere im Osten Deutschlands, abzeichnete, wurden in den drei darauffolgenden Jahren sehr viele Wohnungen – über 500.000 – fertiggestellt. Auch der soziale Wohnungsbau erlangte in den Jahren 1993,1994 und 1995 ein zuletzt vor 20 Jahren erreichtes Niveau. Wobei hier anzumerken ist, dass die Sozialwohnungen der Neunzigerjahre zur Hälfte auf dem 3. Förderweg finanziert wurden, der eine deutlich kürzere Belegungsbindung vorsah als in früheren Jahrzehnten.

Mit der 2006 beschlossenen Föderalismusreform I gingen die Kompetenzen des Wohnungswesens, von wenigen Ausnahmen abgesehen, vom Bund auf die Länder über. Seither darf der Bund keine Finanzhilfen mehr im Bereich der sozialen Wohnraumförderung gewähren. Die Länder sind seither berechtigt, eigene Gesetze zur Wohnraumförderung zu erlassen. Die Föderalismusreform soll dazu beitragen, auf landesspezifische Besonderheiten am Wohnungsmarkt besser reagieren zu können. Weiterhin soll aber an den Grundzügen des sozialen Wohnungsbaus / der sozialen Wohnraumförderung festgehalten werden. Die Bundesländer erhalten als Ausgleich für den Wegfall der Finanzhilfen des Bundes Kompensationsmittel in Höhe von etwa 518 Millionen Euro jährlich. Bis 2013 waren diese Mittel für die Wohnraumförderung zweckgebunden. Seit 2014 existiert diese Zweckbindung allerdings nicht mehr, weshalb einzelne Bundesländer die Mittel auch für Zwecke außerhalb der sozialen Wohnraumförderung nutzen.

Unterm Strich ist keine langfristige Strategie der Politik erkennbar, die einen nachhaltigen, ausreichenden Wohnungsbestand sicherstellt. Da Wohnen ein Grundbedürfnis darstellt, führt dies zu einer Vielzahl von Konflikten. Innerhalb des Wohnungsbaus hat der geförderte Wohnungsbau einen Anteil von 15 %. Die Negativzinspolitik der Europäischen Zentralbank führt dazu, dass Immobilienpreise bezahlbar sind, die beim Zinsniveau von 1950 bis 2010 nicht finanzierbar waren. Außerdem können sich Kapitalanleger bei hohen Kaufpreisen und niedrigen Verzinsungen besserstellen als wenn sie das Geld bei der Bank anlegen würden. Inwieweit sich diese Preisentwicklungen als Spekulationsblasen entpuppen werden, wird sich zeigen.

Auf der Einnahmenseite macht sich die stufenweise Absenkung des Rentenniveaus bemerkbar. Waren es im Jahr 2005 noch 52,6 %, sind es 2021 bereits 47,5 %, die auf 43 % (vor Steuern) im Jahr 2030 sinken werden. Die Standardrente liegt im Westen ab dem 1.7.2021 bei rund 1.539 € brutto, im Osten bei 1506 € brutto.

Die Begrenztheit von Grund und Boden in den begehrten Städten führt im Ergebnis zu steigenden Preisen. Der Preisindex für Bauland zeigt die Entwicklung der Preise für unbebaute, baureife Grundstücke ab 100 qm. Von 2010 bis 2020 verdoppelten sich die Grundstückspreise.

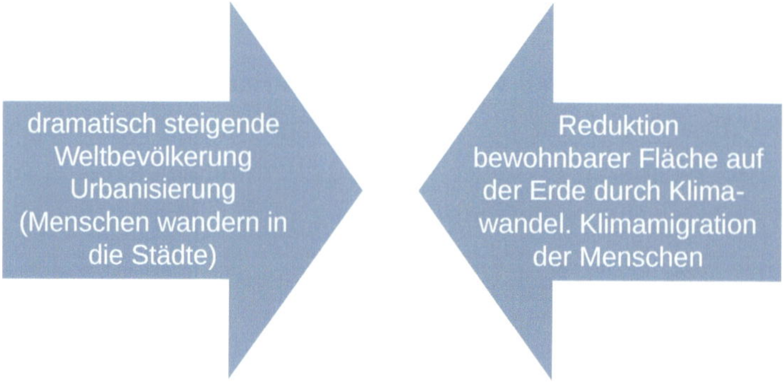

Diese Entwicklung führte zwangsläufig zu weiterer Verdichtung bei Bauvorhaben, so dass pro Quadratmeter Grundfläche mehr Wohnraum geschaffen wurde. Auch die Baukosten gingen in den letzten Jahren dauerhaft nach oben. Seit dem Jahre 2000 stiegen diese über 50 %.

Der Klimawandel und die damit verbundenen steigenden Anforderungen an die Neubauten erhöhen die Baukosten zusätzlich. Der Klimawandel kann bei der Bautätigkeit nicht ignoriert werden, steht aber trotzdem im Zielkonflikt mit dem Bau preiswerten Wohnraums. Die stärkere Verdichtung von Wohnraum macht Anpassungen bei den Brand- und Schallvorschriften zwingend nötig, woraus sich derselbe Zielkonflikt ergibt.

Aktuell steigen die Energiepreise in Deutschland deutlich. So haben sich beispielsweise die Energiekosten für Gas seit 1.1.2021 verdreifacht. Dies führt zusätzlich zu steigenden Baukosten und erhöht gleichzeitig die Nebenkosten des Wohnens. Eigentum stellt für viele Menschen eine alternative Altersvorsorge dar, weil Mietzahlungen angesichts der zukünftigen Renten häufig Altersarmut bedeuten würde.

Eigentumsfalle 1 – Unterschätzung der Instandhaltungskosten

Der Staat gewährt seinen Bürgern im Fall der Fremdvermietung 2 % Abschreibung, unterstellend, dass die Nutzungsdauer einer Immobilie 50 Jahre beträgt. Wenn man zum Beispiel mit 30 Jahren eine Eigentumswohnung für 300.000 € kauft, wobei 200.000 € auf die Wohnung entfallen und 100.000 € auf das Grundstück, dann fallen für die Instandhaltung in den nächsten 50 Jahren weitere 200.000 € an. Wobei diese Kosten zusätzlich der Inflation unterliegen. Denn Abschreibung ist die Verteilung der Anschaffungskosten auf die Nutzungsdauer. Selbst wenn die Wohnung im Laufe der Zeit erheblich an Wert gewinnt, schafft das nicht automatisch Liquidität.

Eigentumsfalle 2 – Wertzuwachs ungleich Liquiditätszuwachs

Die selbst genutzte Eigentumswohnung von Eheleuten steigt in Ballungsgebieten fortlaufend im Wert. Im Fall einer Scheidung ist dies nur im Verkaufsfall mit einem entsprechenden Liquiditätszuwachs verbunden. Bleibt das Objekt im Besitz, fehlt die Liquidität für den Zugewinnausgleich.

Eigentumsfalle 3 – Schicksalsgemeinschaft Wohnungseigentümergemeinschaft (WEG)

Als einzelner Eigentümer haben Sie die notwendige Instandhaltung eingeplant. Im Gegensatz dazu verfügt die Gemeinschaft als Ganzes nicht über die notwendige Liquidität. Zwingend notwendige Instandhaltungsmaßnahmen können nicht durchgeführt werden.

- Menschen mit völlig unterschiedlichem Bewusstseinslevel kommen in einen Konflikt. Die Unterschiedlichkeit der Denkmuster macht eine Lösung anspruchsvoller.
- Die Globalisierung führt dazu, dass auf kleinstem Gebiet Menschen aus über 100 Nationen wohnen. Kulturelle und sprachliche Probleme machen das tägliche Miteinander komplizierter.
- Die zunehmende Spezialisierung führt dazu, dass der Anteil des gemeinsamen Wissens einer Gesellschaft kleiner wird. Auch dies verändert Denkmuster: Die Sicht eines anderen einzunehmen wird entsprechend schwieriger.
- Die Pandemie hat das Sozialverhalten mancher Menschen negativ verändert, was zu weiteren Konflikten führt.
- In der Immobilienwirtschaft soll eine Energiewende stattfinden, währen gleichzeitig Häuser Sanierungsstau haben. Die Frage, wie diese Energiewende für Eigentümer mit geringem Einkommen umgesetzt werden kann, birgt erhebliches Konfliktpotential.
- Dazu kommen die großen Sanierungswellen der Wohnungseigentümergemeinschaften der Siebziger- und Achtzigerjahre mit Sanierungsstau und nicht ausreichenden Rücklagen. Hier ergeben sich aus der Heterogenität der Eigentümer in Bezug auf Interessen, wirtschaftliche Leistungsfähigkeit und Alter massive Konflikte.

Seit 1900 haben einige Gemeinden Gesellschaften gegründet, um der in Intervallen vorkommenden Wohnungsnot vorzubeugen. Da Wertzuwächse von Wohnungen insbesondere in Ballungsgebieten der Regelfall waren, entstand in den Gesellschaften erhebliche wirtschaftliche Potenz.

Viele Gemeinden hatten regelmäßig mehr Wünsche als finanzielle Mittel. Dies führte in Einzelfällen dazu, dass andere Ziele als der eigentliche Auftrag verfolgt wurden. Die notwendigen Sanierungen wurden nicht durchgeführt, sondern stattdessen politische Prestigeprojekte finanziert. Weder die Stadtentwicklung noch der Bau von Wohnungen sind durch die Mieter zu finanzieren, sondern durch den Steuerzahler. In extremen Fällen gerieten solche Gesellschaften durch politische Entscheidungen in Schieflage. Folglich mussten die Mieter – zumindest teilweise – die Fehler der Politik bezahlen, die verursachungsrecht dem Steuerzahler anzulasten gewesen wären.

Liste der Konflikttreiber in der Immobilienwirtschaft

1.	Die Anzahl der geförderten Wohnungen ist seit 2006 von 2,1 Millionen auf 1,3 Millionen Wohnungen in 2019 gesunken.
2.	Seit 2013 stiegen die Wohnkosten der untersten 20 % der Einkommen um über 30 %. Im Gegensatz dazu sind sie bei den Einkommensstärksten sogar gesunken.
3.	Die permanent steigenden Grundstückspreise machen preiswertes Wohnen unmöglich.
4.	Die Singularisierung der Gesellschaft führt zu einem höheren Bedarf an Wohnungen.
5.	Preiswertes Wohnen steht im Zielkonflikt zu Bauvorschriften (Umwelt-, Brand-, Schall- und Gewässerschutz).
6.	Die Durchschnittsrente in Deutschland liegt aktuell bei ca. 1500 € brutto. Es erfolgt eine weitere schrittweise Absenkung des Rentenniveaus auf 43 % in 2030.
7.	Dramatisch steigende Energiepreise erhöhen die Kosten. Die Nebenkosten werden zu einem echten Kostenfaktor.

8. Die sogenannte »Eigentumsfalle«: Falsch dimensionierte Eigenheime und zu knapp eingeplante Instandhaltungskosten führen zu untragbaren Belastungen im Alter und in Eigentümergemeinschaften zu Handlungsunfähigkeit. Außerdem sind im Fall einer Scheidung oft erhebliche Wertzuwächse gegenüber dem Partner im Zugewinnausgleich zu zahlen, die nur im Verkaufsfall auch als Liquidität zur Verfügung stehen. Oft ist aus den bisherigen Verpflichtungen gegenüber der Bank keine adäquate Wohnsituation finanzierbar.

---

9. Die Eigentümer-Strukturen in Wohnungseigentümergemeinschaften in Bezug auf die finanzielle Leistungsfähigkeit und die individuellen Interessen sind völlig heterogen.

Stufe 10 der Konflikttreppe: Lose-Lose-Lose

Im schlimmsten Fall stehen am Ende eines Konfliktes beide Parteien und bisher Nichtbeteiligte schlechter da als vor dem Konflikt.

Auf dieser Stufe der Konflikteskalation stehen nicht nur – wie auf den Stufen 7, 8 und 9 nach Friedrich Glasl – die beiden Parteien schlechter da als vorher, sondern auch ursprünglich Unbeteiligte. Ein einfaches Beispiel verdeutlicht diesen Punkt: Trennt sich ein Paar mit Kindern und die Trennung eskaliert, stehen nach dem Konflikt nicht nur die Eltern schlechter da, sondern auch die Kinder. Ein Dauerkonflikt zwischen Eigentümern geht zulasten der anderen Eigentümer und zulasten von Beirat und Verwaltung.

Insgesamt ist die Anzahl der Konflikte, in denen Unbeteiligte belastet werden, stark zunehmend. Dies liegt auch daran, dass immer mehr Menschen auf der Welt leben.

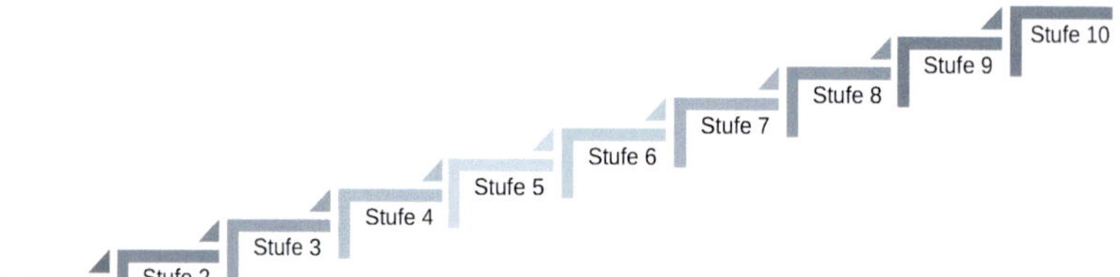

Konflikte und ihre Auswirkungen auf den Wert von Immobilien – Ein Interview mit Birger Ehrenberg

Lieber Herr Ehrenberg, stellen Sie sich bitte kurz vor.

»Von Haus aus bin ich Betriebswirt und beruflich seit 41 Jahren in der Immobilienwirtschaft mit eigenen Unternehmen tätig. Erst als Makler, dann als Projektentwickler und seit 26 Jahren ausschließlich als öffentlich bestellter und vereidigter Sachverständiger für Immobilienbewertungen. Die von mir gegründete Bewertungsgesellschaft ENA-Experts GmbH & Co. KG Real Estate Valuation hat ihren Sitz in Mainz. Mit meinen Partnern bilden wir aktuell ein 40-köpfiges Team, welches in 20 Ländern Immobilien bewertet. Daneben bin ich Hochschuldozent und Fachbuchherausgeber.«

Herr Ehrenberg, gibt es zum Beispiel Konflikte mit großen gewerblichen Mietern, die so eskalieren, dass diese sich bei der Wertermittlung der Immobilie im Rahmen eines Gutachtens wertmindernd auswirken?

»Ja, selbstverständlich. Gerade infolge der Lockdowns wurden vielen Einzelhandels-, Gastronomie- oder Hotelmietern die Umsätze und damit die Zahlungsfähigkeit entzogen. Wer auf Vermieterseite dann auf seinen vertraglichen Rechten bestanden hat, musste oft mit einem Zahlungsausfall der Mieter klarkommen. Die wirtschaftlichen Folgen waren dann viel größer als bei einer gütlichen Einigung.«

Kennen Sie Fälle, in denen der Streit der Beteiligten dazu geführt hat, dass notwendige Instandhaltungen unterlassen wurden und dadurch der Besitz im Extremfall wertlos wurde?

»Gerade bei privaten, selbstgenutzten Immobilien kommt es häufig zu jahrelangen Streitereien. Infolgedessen werden die Gebäude vernachlässigt und es kommt oft zu einem Wertverfall.«

Die einseitige Auflösung von Eigentümergemeinschaften durch Teilungsversteigerung wirkt sich negativ auf den Wert aus. Kann man abschätzen, wie viel anteiliger Wert bei solchen Auseinandersetzungen vernichtet wird?

»Da gibt es keine Statistiken, da die Kaufpreissammlungen der Gutachterausschüsse nicht zentral ausgewertet werden. Tatsächlich ist der Bieterkreis bei einer Versteigerung deutlich kleiner als der Interessentenkreis bei einem freihändigen Verkauf und er ist auch anders zusammengesetzt. Bei einer (Teilungs-)Versteigerung kennen die Bieter das Wertgutachten des Gerichts und sie kommen mit einer klaren Vorstellung über die Höhe des Gebots. Viele Bieter sind auch einfach nur Schnäppchenjäger. Bei einem freihändigen Verkauf fehlt der Zeitdruck und es werden deutlich mehr potenzielle Käufer angesprochen. Eine professionelle Verkaufsunterstützung ist möglich und kann ebenfalls zu einem höheren Kaufpreis führen.«

Dauerkonflikte in Wohnungseigentümergemeinschaften sind weder durch die Verwaltung noch durch die einzelnen Eigentümer zu verhindern. Eine Wohnung in einer Eigentümergemeinschaft mit einer Partei, die alles rechtlich überprüfen lässt, ist schlechter zu verkaufen, oder?

»Niemand kauft mehr die Katze im Sack. Jeder aufgeklärte Kaufinteressent lässt sich die Protokolle der letzten Eigentümerversammlungen geben und dann wird das Problem mit dem Streithansl offensichtlich. Ich bin kein Jurist, mir stellt sich trotzdem die Frage, ab welchem Umfang der Störung der Verkäufer sogar verpflichtet ist, auf die Aktivitäten des streitbaren Miteigentümers im Verkaufsprozess hinzuweisen. In jedem Fall leidet die Verkäuflichkeit, es werden Kaufinteressenten abgeschreckt und der erzielbare Kaufpreis dürfte oft niedriger sein.«

Instandhaltung und notwendige Sanierungen sind ein Dauerthema bei Immobilien. Bei Eigentümergemeinschaften gibt es oft keine ausreichenden Rücklagen in Verbindung mit höchst unterschiedlicher wirtschaftlicher Leistungsfähigkeit der einzelnen Eigentümer. Wie beurteilen Sie das?

»Das Problem ist nicht nur die unterschiedliche Leistungsfähigkeit der Eigentümer. Vielmehr geht es um die Leistungsbereitschaft, die entscheidend davon abhängt, ob es sich um Eigennutzer oder Kapitalanleger handelt. Letztere agieren oft recht kurzsichtig und vernachlässigen zugunsten der laufenden Rentabilität die Aufstockung der Rücklagen. Das rächt sich früher oder später. Die Käufer vermieteter Wohnungen sind meistens keine Immobilienprofis, weswegen man ihnen diese falsche Sparsamkeit nachsehen muss. Oft hilft hier ein beratendes Gespräch mit einem Experten, unter Hinweis auf die hohen Folgeschäden bei unzureichender laufender Instandhaltung.«

Ein Einzelhandelsgeschäft in der Innenstadt in einer durchschnittlichen Großstadt bedeutete in den Achtzigerjahren für den Vermieter ein sicheres und stabiles Einkommen. Regelmäßige Mieterhöhungen waren durchsetzbar. Wie hat der Onlinehandel die Situation verändert? Welchen Einfluss hat dies auf den Wert der Immobilien?

»In der Tat waren Geschäftshäuser in 1-a-Innenstadtlagen jahrzehntelang die teuersten Renditeobjekte. Sie erzielten, gemessen an der Jahresmiete, die höchsten Vervielfältiger bzw. vice versa die geringsten Renditen bei gleichzeitigen Rekordmieten der Einzelhandelsflächen. Die üblichen Mietverträge waren indexiert oder die Miethöhe gestaffelt und wurden langfristig, das heißt

über zehn Jahre oder länger, fest abgeschlossen. Schon in den Jahren 2010 bis 2019 wirkte sich der zunehmende Onlinehandel negativ auf die Mietnachfrage aus. Die Pandemie hat diese Entwicklung wie unter einem Brennglas beschleunigt. Aktuell beobachten wir stark gesunkene Mieten in den 1-a-Lagen und eine fehlende Bereitschaft der Mietinteressenten, sich langfristig vertraglich zu binden.
Durch das gesunkene Mietniveau haben sich die Marktwerte annähernd proportional reduziert. Verschärfend auf die Preisentwicklung wirkt sich das gestiegene Risikobewusstsein der Kaufinteressenten in dieser Assetklasse aus. Die Renditeerwartung ist angesichts der Vermietungsrisiken gestiegen.«

Abschließend die Frage: Ist aus Ihrer Sicht eine Konfliktbewältigung durch Interessenausgleich gegenüber einer rechtlichen Klärung der sinnvollere Weg?

»Falls die Parteien sich als beratungsresistent erweisen, kann ein Rechtsstreit tatsächlich der letzte Ausweg sein. In allen anderen Fällen ist eine moderierte, lösungsorientierte Kommunikation der bessere, weil finanziell sinnvollere und emotional weniger belastende Weg. Einer Vermögensvernichtung durch lange Leerstände und vernachlässigte Instandhaltung kann so vorgebeugt werden. Meine persönlichen Erfahrungen als Immobilieneigentümer bestätigen dies übrigens eindeutig.«

Fallbeispiele zur Konfliktbearbeitung – fremdbestimmt versus selbstbestimmt

Liste der Nebenwirkungen

- ✓ Gerichts- und Rechtsanwaltskosten
- ✓ Verletzungen des Konfliktes werden in der juristischen Methode nicht aufgearbeitet.
- ✓ Zusätzlich kommt es im juristischen Verfahren zu weiteren Verletzungen, weil dieses Verfahren die Gegensätze der Parteien in den Vordergrund stellt.
- ✓ Zeit im Sinne von entgangener Gelegenheit (inklusive relativer Bedeutung für die Betroffenen (z. B. Aktiengesellschaft oder 80-jährige Person)
- ✓ Betroffenheitsgrad
  - existenzieller Konflikt ja/nein
  - Parteien sehen sich nie wieder ja/nein
- ✓ Bewertungsunterschied des Streitgegenstandes
- ✓ Bewertungsunterschiede des Konfliktes durch die Lebenssituation der Betroffenen
- ✓ ein ursprünglich im Konsens geschlossener Vertrag wird durch nicht bedachte Konstellation im Ergebnis absurd

Die Nebenwirkungen variieren stark …

… und können schlimmstenfalls existentiell sein …

Praktische Fallbeispiele

Die Ideen zu den nachfolgenden fiktiven Fallbeispielen basieren auf Praxisfällen des Buchautors.

DIE IMMOBILIE UND IHRE GEWERBLICHEN MIETER

Fallbeispiel 1

Die Immobilie und ihre gewerblichen Mieter: offene Mietzahlung einer Gaststätte

Das Paar Müller übernahm 2018 eine Gaststätte in Hamm/Westfalen. Mittlerweile war es die dritte Gaststätte. Die früheren Gaststätten wurden mäßig laufend durch das Ehepaar übernommen, zum Erfolg geführt und wieder abgegeben. Nach anfänglich kleinen Objekten war es nun eine große tolle Gaststätte. Alles lief prima. Nun hatten sie es geschafft. Seit der Übernahme stieg der Umsatz jeden Monat. Äußerst erfreulich: Produkte mit besonders hoher Marge wurden ihnen von den Kunden aus den Händen gerissen.

Im Frühjahr 2020 schloss die Landesregierung von Nordrhein-Westfalen wegen einer Pandemie auf unbestimmte Zeit alle Gaststätten. Die Mieter sprachen den Vermieter an und fragten, auf wie viele

Monatsmieten er verzichte, da sie faktisch ein Berufsverbot hätten. Die Mieter argumentierten, dass sie dies nicht zu vertreten hätten und eine solche in der Geschichte der Bundesrepublik historisch einmalige Maßnahme letztlich bedeute, dass die Pflichten der Mieter, die im Mietvertrag festgeschrieben sind, nichtig wären. (nachträgliche Unmöglichkeit).

Der Vermieter, ein Unternehmer im Ruhestand, hat seine ganze Altersversorgung auf der Miete aufgebaut. Im Alter waren alle Anschaffungen bezahlt. Es blieben an Kosten: die Nebenkosten des Hauses und die private Krankenkasse. Mit der Miete von 6.000 € war ein komfortables Leben möglich, auch wenn er diese natürlich versteuern musste.

Er ärgerte sich. Andere Restaurants boten To-go-Service an, nur seine Mieter erklärten ihm, dass ihr Geschäftsmodell nicht auf to-go umstellbar sei. Sie könnten jetzt halt keine Miete zahlen. Der Vermieter tobte vor Wut und rannte zum Rechtsanwalt Dr. Fallbeil. Zu seiner Enttäuschung erklärt ihm Dr. Fallbeil, dass er keinen Anspruch auf Anpassung des Geschäftsmodells durch die Mieter an die Pandemie habe. Wichtig sei es jetzt, Stärke zu zeigen. Deshalb diktierte er einen Brief an die Mieter mit Zahlungsaufforderung und Androhung fristloser Kündigung.

Die Mieter hatten schlagartig Existenzsorgen. Dr. Fallbeil ist bekannt dafür, dass er »Blut« sehen will. Der Ehemann schlug seiner Frau vor, zum Rechtsanwalt zu gehen. In jedem Fall keinen Cent mehr an den Vermieter. Ob sie mit 20.000 oder 100.000 € Insolvenz würden anmelden müssen, sei letztlich egal. Der nun gefundene Rechtsanwalt Dr. Fuchs erklärte, dass die fristlose Kündigung und Räumung nicht so einfach sei, wie Dr. Fallbeil es seine Klienten glauben lasse. Jedenfalls setzte er nun einen Schriftsatz auf, in dem er erklärte, dass seine Mandanten selbstverständlich die geschuldete Miete zahlen wollten, aber der Mietgegenstand sich nicht im geschuldeten Zustand befinde. Das Gebäude sei einsturzgefährdet, Schimmel in allen Räumen sei extrem gesundheitsgefährdend.

Dr. Fuchs erklärte seinen Mandaten, die Gaststätte liefe ja nur auf den Namen von Herrn Müller und das Ehepaar habe aufgrund seiner Empfehlung vor einigen Jahren Gütertrennung. Seine Idee: »Wir verhindern durch Mängel die Räumung. Geld, das trotzdem eingenommen wird, bunkern Sie sämtlich privat. Mit den Staatshilfen zahlen Sie Lieferanten, für welche Lieferung auch immer. Parallel sucht die Ehefrau eine neue Gaststätte, die werden wohl in der Pandemie günstig zu haben sein.« Die Lieferanten müssten dann an die neue Adresse liefern. Wenn der Vermieter ausreichend »weichgekocht« sei, könne man eine einmalige Zahlung bei gleichzeitigem Erlass aller anderen Forderungen anbieten – üblicherweise mit folgendem Begleittext: »Die Mieter könnten von ihren Familien und Freunde unter größten Mühen 10.000 € leihen, die wir hiermit zur Zahlung anbieten, wenn Sie gleichzeitig auf alle anderen Forderungen verzichten. Alternativ müsste meine Partei Insolvenz anmelden.« Dr. Fuchs sagte, er habe dies natürlich nie gesagt und werde es auch nie sagen. Es sei nur so eine Idee gewesen. Außerdem bat er um 5000 € Vorschuss. Der Vermieter hat jeden Kontakt zu den Mietern verloren. Miete bekommt er schon seit Monaten nicht mehr. Er habe aber doch Recht gehabt, denkt er sich.

DIE IMMOBILIE UND IHRE GEWERBLICHEN MIETER

Fallbeispiel 1

in selbstbestimmter Konfliktlösung

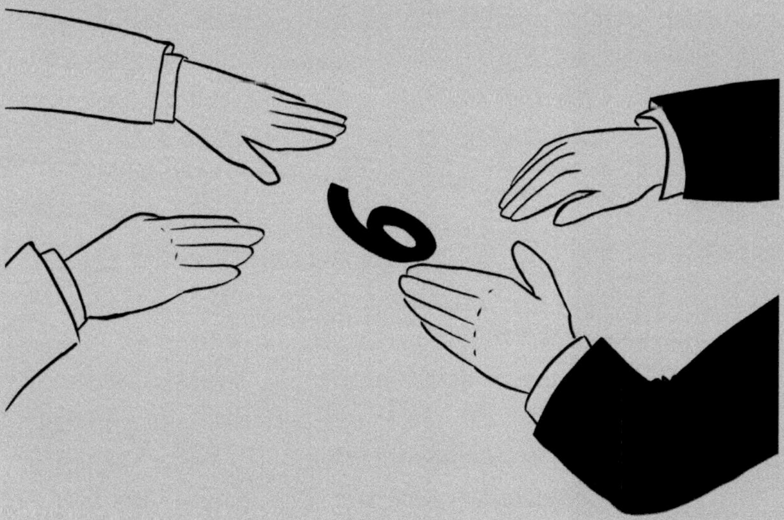

Die Mieter der Gaststätte schlagen dem Vermieter eine Mediation vor. Der Vermieter ist von dem Vorschlag zwar nicht begeistert, hat aber vor Gericht schon manch unerfreuliches Urteil erlebt. Der Mediator stellt sich den Parteien unabhängig voneinander vor. Er fragt beide, ob sie sich aufgrund der existenziellen Bedeutung für den Mieter und letztlich auch für den Vermieter eine Shuttlemediation vorstellen könnten. Beide Parteien waren in letzter Zeit oft aneinandergeraten. Die Mieter sagen lediglich, dass sie durch die Schließungen bedingt durch Corona kein Geld zur Zahlung der Miete hätten. Umgekehrt fordert der Vermieter eine Anpassung des Geschäftsmodells. Die Shuttlemediation bietet die Chance, solche potenziell eskalierenden Situationen zu neutralisieren.

Beide Parteien sind mit dem Verfahren einverstanden. Der Mediator stellt in Einzelgesprächen seine Rolle dar. Neutralität ist eine zwingende Voraussetzung für die erfolgreiche Mediation. Ein Mediator muss Interessenkonflikte immer aufdecken und beim geringsten Zweifel an seiner Neutralität das Mandat ablehnen. Vertraulichkeit und Unabhängigkeit sind weitere zwingende Voraussetzungen. Das Verfahren ist freiwillig und kann jederzeit durch die Beteiligten beendet werden. Im Vorfeld ist die Lösungswilligkeit der Parteien sicherzustellen.

Der Mediator führt mit den Pächtern das erste Gespräch. Die Pächter arbeiten beide in der Gaststätte und haben eine sieben Jahre alte Tochter. Eine rechtliche Auseinandersetzung würden sie verlieren und letztlich Insolvenz anmelden müssen. Außerdem seien sie vom Vermieter genervt, der sie immer nur auffordert, ihr Geschäftsmodell zu ändern. Der Vermieter habe einfach keine Ahnung von ihrem Geschäftsmodell. Der Mediator fragt, ob der Vermieter das

Geschäftsmodell kenne. Die Pächter verneinen das und führen aus, dass der Vermieter noch nie Gast bei ihnen gewesen sei.

Der Mediator geht mit den Pächtern die Checkliste durch, um zu klären, ob dieser Konflikt juristisch lösbar ist. Die Pächter hatten sich ja längst zur Mediation entschieden, aber der Mediator will noch einmal die Unterschiedlichkeit des Verfahrens vermitteln. Aus Sicht der Pächter ist der Anspruch auf Miete durch das faktische Gewerbeverbot zumindest teilweise verwirkt. Fördergelder seien entgegen aller öffentlichen Bekundungen noch nicht geflossen. Außerdem sähen die Ankündigungen so aus, dass der Lebensunterhalt nicht gefördert würde. Das Konto sei jetzt schon mit 20.000 € im Soll. Der Kontokorrent liege bei 15.000 €. Aber ein Rechtsverfahren könnten sie nicht gewinnen, zumal die Gegenseite auf einer Grundsatzentscheidung bestehen würde. Die Frage, ob in einer solche Pandemie die volle Miete geschuldet wird, ist rechtlich nicht geklärt. Bis zur Entscheidung in letzter Instanz seien sie längst insolvent. Der Faktor Zeit sei für sie existenziell. Außerdem sei es ihr Betrieb und die Frage, wie sie diesen führten, sei ihre Sache. Sie trügen das Unternehmerrisiko. Schnell wird den Pächtern klar, dass mit »Recht haben« hier nichts zu erreichen ist. Den Mediator bittet man darum, dem Vermieter klarzumachen, dass man guten Willens sei, aber sie einfach nicht könnten.

Der Mediator führt nun das Gespräch mit dem Vermieter. Kaum hat der Mediator den Raum betreten, fängt der Vermieter an, sein Leid zu klagen. Natürlich verstehe er, dass es für die Mieter nicht leicht sei, aber bei den Fördergeldern möchte er seinen Anteil haben. Da sei er zu keinem Kompromiss bereit. Er habe dem Mieter tausend Vorschläge gemacht, aber die sagten immer nur »Nein«. Er wisse, dass er keinen Anspruch auf Anpassung des Geschäftsmodells habe. Aber das Unternehmerrisiko auf den Vermieter zu übertragen, sei zu einfach. Jetzt überlegt der Mediator mit dem Vermieter, ob es gemeinsame Interessen geben könnte.

Interessen des Vermieters	Interessen des Mieters
Fortsetzung des bisherigen guten Mietverhältnisses Mieter war bisher ein guter Mieter und versteht seinen Job	Fortsetzung des bisherigen guten Mietverhältnisses
Pacht	an Corona angepasste Pacht
Mietvertrag	Mietvertrag
Keine Kündigung in Corona-Zeiten	Keine Kündigung durch den Vermieter mit der Folge der Insolvenz
Kein Leerstand	Keine Insolvenz
Keine Leerstandskosten (Heizung usw.)	Bereitschaft, Nebenkosten im Lockdown zu tragen
Keine Kosten zur Neuausstattung	Kein Neuanfang mit entsprechenden Kosten
Kein Neuauswahlrisiko bei neuem Mieter	Kein Neuauswahlrisikobei Auswahl einer neuen Gaststätte
Neuvermietung nur mit Corona-Klausel möglich	
Abstriche im Mietpreis bei Neuvermietung	

Schnell wird dem Vermieter klar, dass sein Mieter und er einige gemeinsame Interessen haben. Nun bleiben zwei offene Fragen übrig, die zu klären sind, bevor er bereit ist, über eine Lösung im Interessenausgleich zu sprechen: Kann der Mieter mit Änderung des Geschäftsmodells den Schaden reduzieren? Wie ist das mit den Fördergeldern? Der Mediator erläutert, dass nach seinem Wissen die Mieter bisher keine öffentlichen Mittel erhalten haben. Er fragt, ob es dem Vermieter recht sei, dass er diesen Punkt zeitnah darlege. Letztlich habe der Mieter zwei Probleme, erläutert der Mediator im März 2020.

Viele Gaststätten stellten in der Corona-Zeit auf to-go um. Die Mieter wollten das Geschäftskonzept nicht ändern, weil sie dadurch die Glaubwürdigkeit für hochwertiges Fleisch (Zubereitung bei 800 Grad) und besten Rotwein verlieren würden. Im Ergebnis würden sie langfristig mehr Geld verlieren, wenn sie to go anböten. Das passe einfach nicht zum Produkt. Das zweite Problem sei, dass die öffentlichen Fördermittel keinen Beitrag zum Lebensunterhalt des Unternehmers vorsehen. Die Mieter könnten lediglich Sozialhilfe beantragen, dazu müssten sie allerdings ihre letztes Jahr gekaufte Eigentumswohnung verkaufen. Außerdem müssten sie Vorfälligkeitszinsen zahlen. Unterm Strich ergebe das keinen Sinn.

Der Vermieter und die Mieter einigen sich darauf, dass der Mediator die Parteien begleiten soll, damit der Vermieter weiß, dass die Mieter innerhalb des Geschäftsmodells alles tun, um Zahlungen möglich zu machen und der Vermieter von allen Fördergeldern mögliche Anteile bekommt. Beide Parteien hoffen, im August 2020 würde alles vorbei sein. Nun, im April 2022, läuft das Geschäft besser als vor der Krise: Mitbewerber sind verschwunden. Die Menschen haben Nachholbedarf nach Gemeinsamkeit.

Der Vermieter und der Mieter sitzen beim Glas Rotwein zusammen. Der Mieter dankt dem Vermieter, denn ohne sein Entgegenkommen wären sie jetzt insolvent. Der Vermieter entgegnet: »Und ohne Sie hätte ich nicht 45 % der geschuldeten Miete.« Viele seiner Kollegen hätten den Konflikt mit Rechtsanwälten eskaliert. Im Ergebnis hätten die Kollegen keine Miete mehr bekommen. Gespräche zwischen den Vermietern und Mietern gebe es seit 2020 nicht mehr. Die Flächen stünden seit Monaten leer. Eine Neuvermietung sei in den letzten Monaten aussichtslos gewesen.

Außerdem bräuchten seine Kollegen jemanden, der sich um die Flächen kümmert. Die Nebenkosten hätten seine Kollegen auch am Hals. Am schlimmsten seien aber die Kosten für Rechtsanwälte und Gericht. Seine Kollegen hätten Recht, kein Geld und Kosten. Er habe seine Interessen gewahrt, 45 % der Miete und keine relevanten Kosten für den Mediator.

Die Shuttlemediation hat zur Neutralisierung des Konfliktes beigetragen. Nicht zuletzt haben beide Seiten kaum Zeit investiert im Verhältnis zu einem Rechtsverfahren und seien auch nicht auf ewig verkracht.

DIE IMMOBILIE UND IHRE NACHBARN

Fallbeispiel 2

Die Immobilie und ihre Nachbarn: Lasterweise verfaulte Zwiebeln auf dem Nachbargrundstück im Mischgebiet

Frau Schmidt hatte in Norddeutschland Ferienapartments gebaut. Das Grundstück liegt im Mischgebiet, von dort lassen sich alle Naherholungsgebiete schnell und unkompliziert erreichen. Die Apartments sind mit einem hohen Anteil an Fremdkapital gebaut worden und der geplante Kostenrahmen konnte aufgrund der aktuell steigenden Baukosten nicht eingehalten werden. Die Bank trug die Mehrkosten mit. Insofern war das Verhältnis zu der Bank etwas angespannt, aber noch als unproblematisch einzustufen.

Als die Mieten für einige der Apartments nicht auf dem Konto der Vermieterin eingingen, kam es zum Gespräch zwischen der Vermieterin und ihrer finanzierenden Bank. Frau Gierschlund, als Vertreterin der Bank, fragte Frau Schmidt als Vermieterin: »Warum kommen bei einigen Apartments keine Mietzahlungen auf dem Konto an?«

Frau Schmidt antwortete: »Ich habe da ein Problem. Der Nachbar sammelt auf dem Nachbargrundstück verfaulte Zwiebeln, lasterweise, die er scheinbar an eine Biogasanlage zur Verbrennung liefert. Und die sind teilweise schon angefault und es stinkt ohne Ende und es ist kaum zu ertragen und wir fragen uns jetzt: Was können wir machen, damit der Nachbar den Lagerplatz ändert.«

Die Vertreterin der Bank, Frau Gierschlund, fragte, was sie damit zu tun habe. Die Raten des Kreditvertrages müssten natürlich trotzdem bedient werden.

Frau Schmidt war verzweifelt und sprach mit ihrer Mutter. Die Mutter, selbst jahrzehntelang Unternehmerin, bot der Tochter ihre finanzielle Unterstützung an. Aber die Verpflichtungen würden nicht lange durch deren Ersparnisse bedient werden können. Im Gespräch überlegten sie, ob eine juristische Konfliktlösung geeignet wäre. Die erste Frage wäre dabei tatsächlich: Ist der Anspruch wirklich unstrittig? Das hatte sie sich ja selbst beantwortet. Letztlich wird ein Gericht auch nicht entscheiden können, ob der Geruch zumutbar ist, oder gerade nicht mehr zulässig, oder überhaupt nicht zulässig. Also wird der Richter, erst einmal zulasten des Klägers, einen Gutachter beauftragen. Je nach Ergebnis des Gutachtens wird die Gegenseite das Gutachten infrage stellen: Als der Gutachter vor Ort war, seien außergewöhnlich viele Zwiebeln vor Ort gewesen. Das seien noch nie so viele gewesen und werden auch nie wieder so viele sein. Außerdem dachte sie sich, dass es schon ein Unterschied ist, ob man die Person wiedersieht oder nicht. Sie würde ja in jedem Fall ihr Nachbar bleiben. Außerdem war er in der Bauphase unserer Apartments auch betroffen. Die Autos der Firmen parkten überall, wie oft war seine Zufahrt zugeparkt.

Sie hatte mal versucht, mit ihm zu sprechen. Da hatte er zwar zugesagt, dass keine Zwiebellieferungen mehr kämen, aber leider ging es genauso weiter. »Wenn meine Mutter und ich ihn im Auto sehen, winkt er freundlich. Wenn wir das direkte Gespräch suchen, versteckt er sich in seinem Betriebsbüro und macht alle Lichter aus. Nach einer halben Stunde verlässt er das Betriebsgelände mit dem Auto.« Durch den Druck der finanzierenden Bank entschied sie sich, einen Rechtsanwalt zu beauftragen.

Nach einigen Monaten konnte Frau Schmidt die Kredite nicht mehr bezahlen. Anwalts- und Gutachterkosten hatten sie ruiniert.

DIE IMMOBILIE UND IHRE NACHBARN

Fallbeispiel 2

in selbstbestimmter Konfliktlösung

Der Fall der verfaulten Zwiebeln ist juristisch schwer bis gar nicht lösbar. Frau Schmidt hat auf dem Weg zum Rechtsanwalt einen Mediator getroffen. Im Vorfeld ist die Lösungswilligkeit der Parteien sicherzustellen.

Der Mediator fragt, ob sie sich vorstellen könnte, dem Nachbarn einen Brief zu schreiben. Frau Schmidt fragt, ob das vor Gericht nicht als Schuldeingeständnis ihrerseits gewertet würde. Etwas unsicher entschließt sie sich, einen Brief zu schreiben.

Der Nachbar, ein Eigenbrötler, hat noch nie einen Brief bekommen mit Wertschätzung für seine Situation. Immer regten sich alle über seinen Betrieb auf. »Schandfleck«, sagten die Nachbarn und er sei nicht mit einem goldenen Löffel auf die Welt gekommen. Frau Schmidt überlegt lange, wie sie den Brief am besten schreiben soll. Wichtig sei es, dass rüberkommt, dass es um eine gemeinsame Lösung geht.

Interessenausgleich. Wenige Wochen später fragt der Mediator, wie es weitergegangen sei. Sie antwortet: »Ich hatte ein gutes Gespräch mit dem Nachbarn. Er konnte es nicht glauben, dass ich ihm Gutes will. Wir haben uns eine halbe Stunde am Zaun unterhalten – echt krass! Das hätte ich nicht für möglich gehalten. Er sagte, er habe die Zwiebeln woanders hingebracht. Zurzeit stinkt es tatsächlich nicht mehr. Ich bin sehr gespannt und Ihnen, Herr Mediator, sehr dankbar«.

DIE IMMOBILIE
IM SCHEIDUNGSFALL

Fallbeispiel 3

Die Immobilie im Scheidungsfall

In Jahr 2019 wurden in Deutschland 149.010 Ehen geschieden, dies entspricht einer Scheidungsrate von 35,8 %. Damit liegt das Jahr 2019 unter dem Durchschnitt der letzten 20 Jahre. 2003 war das Jahr mit der höchsten Anzahl an Scheidungen, es waren 213.975, das entspricht einer Quote von 55,9 %. Eine Scheidung kann einvernehmlich in sechs Monaten geschieden werden. Verweigert ein Partner die einvernehmliche Scheidung, kann der Vorgang mehrere Jahre dauern.

Das Ehepaar Schneider wohnt im eigenen Haus im Speckgürtel von München. Er ist Lehrer, seine Frau ist bei einem Yoga-Studio als Trainerin angestellt. Das Ehepaar hat zwei Kinder. Der Sohn Max ist 15. Die Tochter Julia ist 12. Vor zwei Jahren lief das erste Darlehen des Hauskaufs nach zehn Jahren aus. Das Ehepaar hat die günstigen Zinsen im Vergleich zum ersten Darlehen genutzt, um die Tilgungsrate zu erhöhen. Die Hälfte des Betrages, der sich aus der niedrigeren Zinsbelastung ergibt, wird zur Erhöhung der Tilgungsrate verwendet. Der Rest der Entlastung durch die Anschlussfinanzierung soll nun zur Erhöhung des Lebensstandards genutzt werden. Lehrer Schneider freut sich und denkt: ‚Für diese Rate kriegst du aktuell in München lediglich eine kleine Mietwohnung und wir wohnen in einem Haus.'

Der Passat ist nicht mehr das aktuelle Modell. Statt dem Polo wäre ein schickes Cabrio auch ganz nett. Scheinbar ist alles perfekt. Da er Beamter ist und seine Frau pflichtversichert, müssen sie sich um ihre Altersversorgung keine Sorgen machen. Außerdem haben die Eheleute den Plan, mit Auszug der Kinder das Haus zu verkaufen. Auch wenn das Haus dann nicht abbezahlt sein wird. Die Summe aus Wertzuwachs und dann geleisteter Tilgung ergibt ein Vermögen. Konkret hatten sie das Haus für 300.000 € gekauft. Heute ist es 500.000 € wert. Aufgrund der Tilgung steht das Haus aktuell noch mit 229.692 € Restschuld bei der Bank. Leider stellt sich oft, wenn man alles erreicht hat, eine Leere ein. Es ist wie beim Sport: Jahrelang trainiert man für den Halbmarathon. Nun kommt man nach 2 Stunden und 47 Minuten im Ziel an. Unter drei Stunden war das Ziel. Was nun? Frau Schneider hat diese Frage für sich längst beantwortet. Im Yoga-Studio gibt es einen neuen Kunden. Scheinbar hat auch er ein Auge auf sie geworfen. Endlich spürt sie wieder das Gefühl, begehrt zu werden. Außerdem hört er so gut zu.

Nach kurzer Zeit steht für Frau Schneider fest, dass sie nur ein Leben hat und der Neue ihr Ehemann werden soll. Mit Schmetterlingen im Bauch fragt sie ihren neuen Freund, ob er sein Leben mit ihr verbringen will. Natürlich sollen die Kinder bei ihr bleiben. Am besten wäre es doch, ihr Ehemann zöge aus und ihr neuer Freund zöge einfach ein. Ein Besuch mit ihrem neuen Freund beim Rechtsanwalt verläuft ernüchternd. Der Rechtsanwalt spricht von Streitwert. Hier würde das Vermögen zugrunde gelegt. ‚Vermögen', dachte sie, ‚ich habe doch nur ein Haus. Im Fall eines Verkaufs würde die Bank Vorfälligkeitszinsen berechnen und auch bekommen. Eine Wohnung in ähnlicher Qualität wäre doch viel teurer.'

Frau Schneider hatte zwar angenommen, dass das schicke Cabrio im Fall der Trennung wohl ausfallen würde, nun aber schien schlagartig der bisherige Wohlstand in weite Ferne zu rücken. Sie würde um jeden Cent kämpfen müssen. Aber wie sollen die Kinder damit umgehen? Schlagartig wären die Eltern jetzt Gegner. Julia kommt bald in die Pubertät. Hoffentlich wird ihr das alles nicht schaden. Und was ist mit Max? Frau Schneider spürt schon lange, dass Max sich stärker zu seinem Vater hin orientiert. Die Besuche der Heimspiele von Bayern München scheinen die beiden zu verbinden. Was wäre, wenn er bei seinem Vater leben will? Der Rechtsanwalt verlangt einen Vorschuss von 2000 €. Wie soll sie das machen, ohne dass ihr Mann das auf dem gemeinsamen Konto sofort sieht? Der Ehemann bekommt Wind von der Sache und leitet den Verkauf der Immobilie im Zwangsverfahren ein. Die Zwangsversteigerung führt im Verkauf zu erheblichen Abstrichen. Nach allen Kosten und Vorfälligkeitszinsen bleibt ein wenig Geld übrig. Dieses teilen sich die Anwälte. Heute wohnen Herr und Frau Schneider zur Miete. Ihr gesamtes »Vermögen« wurde Opfer des Streits.

DIE IMMOBILIE IM SCHEIDUNGSFALL

Fallbeispiel 3

in selbstbestimmter Konfliktlösung

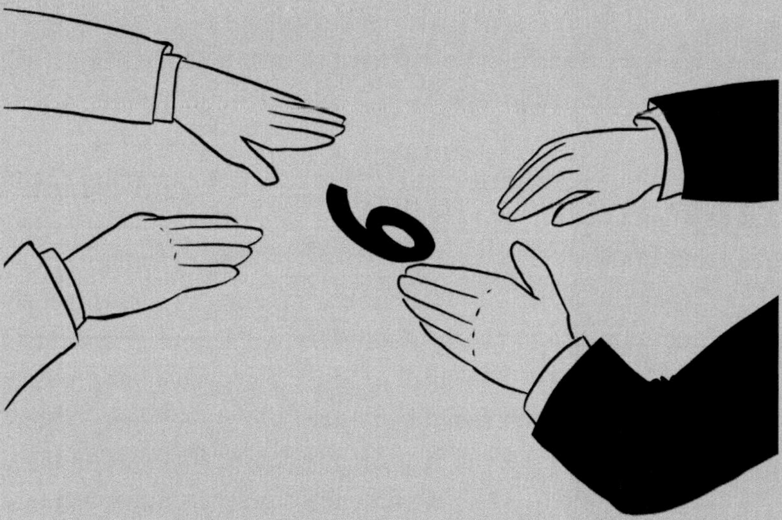

Selbstbestimmte Konfliktlösung

Das Ehepaar Schneider will sich weiterhin trennen, jedoch haben die Trauzeugen auf das Paar eingewirkt und den Vorschlag einer Mediation eingebracht.

Begeistert ist Herr Schneider von dem Vorschlag weiterhin nicht, aber ein Bekannter ist Rechtsanwalt und hat ihm vorgerechnet, was eine Scheidung kostet kann, wenn alles in den Streitwert einbezogen wird.

Herr Schneider überlegt sich, dass für eine Mediation spricht, dass sie angeblich schnell gehen soll. Die Themen sind ja klar:

1. Bei wem leben die Kinder?
2. Soll das Haus verkauft werden?
3. Wenn nein, wer bekommt es?
4. Wer bezahlt Unterhalt an wen in welcher Höhe?
5. Wie wird der Versorgungsausgleich geregelt?

Da sich dieses Buch mit Konflikten in der Immobilienwirtschaft befasst, gehe ich an dieser Stelle ausschließlich auf 2. und 3. ein.

Er hat wirklich keine Zeit und Bereitschaft, sich jahrelang damit auseinanderzusetzen. Sein Ziel ist es, sich schnellstmöglich zu trennen, dann eine Tour über die Alpen zu machen und dann im Internet auf ein entsprechendes Portal zu gehen, um eine neue Partnerin zu suchen. Er will ab sofort in die Zukunft schauen. Seine Verletzung, dass seine Frau etwas mit einem anderen angefangen habe, könne auch ein Gericht nicht heilen. Mediation als Weg, Win-win-Lösungen zu ermöglichen, höre sich doch ganz vernünftig an. Der Wert des Hauses wird sicherlich unterschiedlich gesehen, außerdem fallen im Verkauf sehr hohe Vorfälligkeitszinsen an. Offen sind bei der Bank 229.692 €. Bei sofortigem Verkauf würden fast 35.000 € Vorfälligkeitszinsen fällig.

Seine Frau kennt sich mit Immobilien besser aus als er, aber wenn der Mediator Immobilienkompetenz hätte und wirklich allparteilich wäre, wäre das ein Ansatz. Wichtig sei ihm, dass seine Kinder nicht unnötig aus ihrem Umfeld gerissen werden. In vielen Einzelgesprächen entwickelt der Mediator folgende Beschreibung der Situation: Zentrale Frage in der Vermögensauseinandersetzung ist, ob das Haus behalten werden kann. Der ursprüngliche Kaufpreis lag bei 300.000 €.

Bestandsgröße

Haus	Verkauf 2020	Halten bis 2028	Delta Wertzuwachs
Wert	€ 500.000	€ 600.000 geschätzt	+ € 100.000
Kaufpreis 2008	€ 300.000	€ 300.000	
Restschuld	€ 229.692	€ 136.488	+ € 93.204
Differenz: Wert zur Restschuld	€ 270.308	€ 463.512	+ € 193.204

Auf den ersten Blick wird klar, dass der Wertzuwachs der größte Posten im Vermögenszuwachs ist, danach kommt die Tilgung. Beim Behalten des Hauses würde sich wahrscheinlich der Wert weiter erhöhen. In den letzten zwölf Jahren waren es 200.000 €. Für die nächsten acht Jahre unterstellt das Ehepaar die Hälfte, also 100.000 €.

Mit der Reduzierung der Restschuld durch die Tilgung wäre das ein monatlicher Vermögenszuwachs von 1.000 € pro Partner.

Die monatlichen Belastungen stellen sich laut Angaben des Ehepaars wie folgt dar:

Haus	Verkauf	Halten	Veränderung in %
Rate Haus		€ 1.200	
Wohnung für den oder die Ausziehende	€ 1.200	€ 1.200	
Wohnung für den oder die Ausziehende	€ 1.800		
Sparanteil	nein	Ja, Tilgung in Haus	
Belastung	€ 3.000	€ 2.400	Steigerung um 25 %

Letztlich wäre der Verkauf das Ende des Vermögensaufbaus durch Wertzuwachs. Eine monatliche Verpflichtung mit erheblichem Tilgungsanteil wird durch eine 50 % höhere Rate ohne Sparanteil ersetzt. Die Wohnsituation verschlechtert sich. Am Ende einigt sich das Ehepaar darauf, dass sie das Haus gemeinsam behalten.

Bewohnt wird das Haus von der Frau mit den Kindern. Die monatliche Rate trägt sie, was durch den Unterhalt möglich ist. Der Vermögenszuwachs wird in 2028 geteilt.

DIE IMMOBILIE IN EINER WOHNUNGSEIGENTÜMER-GEMEINSCHAFT

Fallbeispiel 4

Die Immobilie in einer WOHNUNGSEIGENTÜMER-Gemeinschaft

Seit 1951 gibt es in Deutschland das Wohnungseigentümergesetz. Im Ergebnis teilt sich eine Vielzahl von Personen (mindestens zwei) ein Grundstück. Das gemeinsam genutzte Eigentum heißt Gemeinschaftseigentum. Das Sondereigentum wird dem einzelnen Eigentümer direkt zugeordnet. Die Eigentumswohnung stellt Eigentum an der Wohnung selbst und anteilig an dem jeweiligen Gemeinschaftseigentum dar.

Der Gesetzgeber hat den steigenden Grundstückpreisen Rechnung getragen. Durch die Teilung der Grundstückskosten durch mehrere Eigentümer können Menschen Eigentum erwerben, die den Kauf eines Grundstücks und den Bau eines freistehenden Hauses finanziell nicht stemmen können. Nun können diese aber Eigentum erwerben und müssen nicht zur Miete wohnen. Gleichzeitig wird die Eigentumswohnung zur beliebten Kapitalanlage. Offen bleibt hier die Frage, ob durch diese Konstruktion des WEG-Gesetzes die Preisentwicklung von Grundstücken weiter beschleunigt wurde und wird.

Die Eigentümergemeinschaft im vorliegenden Beispiel besteht aus 300 Eigentümern, die Eigentum an 350 Eigentumswohnungen haben. Die Wohnanlage wurde 2005 fertiggestellt. Im Jahr 2018 kam es zur Störung in der dezentralen Warmwasseranlage. Die Folge war eine Verunreinigung des Trinkwassers mit im Einzelfall erheblichen Gesundheitsschäden. Eine aufwendige Sanierung schien zwingend notwendig zu sein. Die Rücklagen deckten diese Kosten nicht ab, Sonderumlagen waren unerlässlich. Verwaltet wurde die Eigentümergemeinschaft durch den Bauträger selbst. Regelmäßig wurde der Verwalter wieder bestellt. Ursprünglich hatte sich der Bauträger vor dem Verkauf der Wohnungen für die ersten fünf Jahre selbst zum Verwalter bestellt. Einige Eigentümer hatten daher den Verdacht, dass der Verwalter zugunsten des Bauträgers und nicht zum Wohl der Eigentümergemeinschaft handeln würde.

Die Preise für Eigentumswohnungen sind seit 2005 deutlich gestiegen. Die enorme Senkung der Hypothekenzinsen beförderte diese Entwicklung. In 2018 war die Zusammensetzung der Gemeinschaft schon deutlich verändert. Einige Eigentümer hatten nach zehn Jahren verkauft und Wertzuwächse realisiert. Einige hatten daher hohe Anschaffungskosten und entsprechende Qualitätserwartungen. Die Leistungsfähigkeit der Eigentümer unterschied sich stark: Manche waren über die Zeit in Rente gegangen und wollten im Alter mietfrei wohnen. Rücklagen gab es nicht im erforderlichen Umfang. Das gesamte Geld war immer zur Finanzierung der Wohnung verwendet worden.

In der Eigentümerversammlung kam es zu heftiger Kritik an dem Verwalter, der ja auch der Verkäufer der Wohnungen war. Erschwerend kam dazu, dass der ursächliche Mangel bereits seit 2005 vorlag. Der Beirat, bestehend aus drei Miteigentümern, der in Eigentümergemeinschaften oft eine besonders dominante Rolle hat, wurde von vielen Eigentümern unter Druck gesetzt. Die Eigentümer verlangten die Übernahme der Sanierungskosten durch den Bauträger. Der Bauträger und Verwalter erklärten, ein Schadensersatz sei ausgeschlossen. Der Beiratsvorsitzende erkrankte unter dem Druck aller Parteien und befindet sich heute noch in ärztlicher Behandlung.

Der neue Beiratsvorsitzende versprach bei seiner Wahl maximalen Schadensersatz. Die Eigentümergemeinschaft wählte ihn und wechselte den Verwalter. Im ersten Schritt wurden Strafanzeigen gegen Bauträger, Verwaltung, Wartungsfirmen und jeden anderen, der denkbar schien, erstattet. Im nächsten Schritt wurden alle Parteien zivilrechtlich verklagt und ein Beweissicherungsverfahren eingeleitet. Beide Seiten beschäftigten die vermeintlich besten Anwälte und damit auch die teuersten.

Heute, im Jahr 2022, sind die Kosten für Rechtsanwälte, Gericht und Gutachter beider Seiten jeweils höher als der Streitwert.

Weitere Gutachten mussten her, um zu belegen, dass hier kein Planungsfehler vorlag, sondern ein bewusster Täuschungsversuch und damit Betrug. Nur so könnte eine Verjährung vermieden werden. Weiterhin musste noch belegt werden, dass der Schaden monokausal ist, es also keine weiteren Faktoren gibt, die zumindest mitursächlich für den Schaden sein könnten.

Nach drei Jahren Streit ist kein Ende in Sicht. Immer neue Kosten. Die Eigentümerversammlung ist kaum noch beschlussfähig, weil achtstündige Versammlungen für die Eigentümer nervenaufreibend sind und diese deshalb immer häufiger fernbleiben. Die Hoffnung auf den großen Sieg ist geschwunden. Selbst im Kompromissfall vor Gericht, werden alle Beteiligten weniger haben als vor Prozessbeginn. Die Wohnungen sind seit der Eskalation auch nur noch bedingt verkäuflich. Niemand will Teil und Kostenträger einer solchen Prozesslawine sein. Einige Rentner mussten für die Kosten Kredite aufnehmen. Eigentlich hatten sie mit dem Eigentum vorsorgen wollen, um im Alter noch in den Urlaub fahren zu können. Nun müssen sie stattdessen die Kosten der Prozesslawine bedienen. Innerlich wissen sie längst, dass sie, selbst wenn sie alles gewinnen würden, gesundheitlich nicht mehr in der Lage zum Reisen sein werden.

300 Eigentümer wollen Schadensersatz. Darüber wurde in der Eigentümerversammlung abgestimmt. Tatsächlich hätte die Eigentümerversammlung Folgendes wohl nicht beschlossen: Wir nehmen jetzt unbegrenzt Geld in die Hand und klagen auf Schadensersatz, selbst wenn am Ende die Kosten den Streitwert des Verfahrens übersteigen. Außerdem ärgern wir uns über die Verfahren und streiten uns mit allen Firmen, die beteiligt waren. Wir tauschen die Anwälte, weil die ersten nur am Anfang zügig arbeiten. Die neuen Anwälte müssen sich aber erst einarbeiten usw.

Der Prozess ermöglicht aufgrund der mittlerweile erheblichen Kosten keiner Partei mehr die Chance auf einen geregelten Exit. Jeder, der jetzt pragmatisch vergleicht, muss einsehen, dass seine Partei nach einer Einigung weniger Geld besitzen wird als vor dem Beginn des Prozesses. Letztlich wird jedes Rechtsmittel genutzt, um wenigstens alles versucht zu haben. In letzter Instanz bleibt dann die Binsenweisheit:

Letztlich wäre es für beide Parteien besser gewesen zu würfeln. Aber das wäre potenziell »Untreue«, sich ohne Rechtsgrundlage zu verständigen.

"NACHBAR-IDEAL"

DIE IMMOBILIE IN EINER WOHNUNGSEIGENTÜMER-GEMEINSCHAFT

Fallbeispiel 4

in selbstbestimmter Konfliktlösung

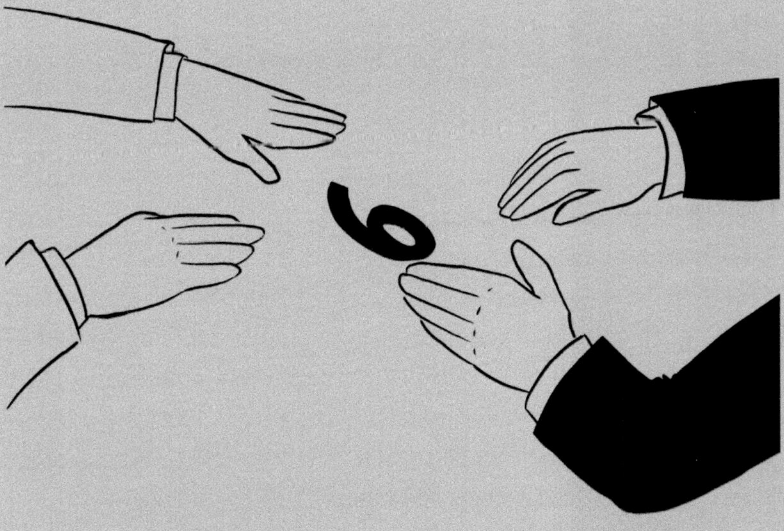

Die Eigentümergemeinschaft wusste von anderen Gemeinschaften, dass Rechtsverfahren sehr lange dauern sowie viel Geld für Rechtsanwälte, Gutachter und Gericht verschlingen. Nach dem Verfahren sind alle ärmer. Obiges Beispiel kommt in Deutschland regelmäßig vor: Der Beirat der Gemeinschaft wird von den Miteigentümern massiv unter Druck gesetzt. Alle wollen schnell viel Geld und fühlen sich betrogen. Durch die Sanierungen sind Umlagen im Schnitt von 3.000 € pro Wohnung nötig. Der Beirat führt ein Gespräch mit der Geschäftsführung der Wohnungsbaugesellschaft und schlägt eine Mediation vor. Die Geschäftsführung weist jede Verantwortung zurück. Trotzdem weiß sie, dass eine aufgebrachte Eigentümergemeinschaft zu allem bereit ist. Deshalb stimmt sie dem Vorschlag zu.

Der Mediator erklärt, dass er allparteilich handelt. Vertraulichkeit und Unabhängigkeit seien zwingende Voraussetzungen. Die Parteien sind sich einig, dass eine Shuttlemediation ein geeigneter Weg sein könnte. Dabei spricht der Mediator zunächst mit beiden Parteien einzeln. Zum besseren Verständnis stelle ich nachfolgend die Beteiligten dar.

Partei A ist die Eigentümergemeinschaft. Partei B ist die stadtnahe Gesellschaft, die der Bauträger war. Partei A wird durch Partei B nach außen vertreten, weil der Bauträger gleichzeitig auch der Verwalter ist. Der Beirat spricht für die Eigentümergemeinschaft, hat dazu aber formal kein Mandat. In vielen Wohnungseigentümergemeinschaften lässt sich der Bauträger vor dem Verkauf der Wohnungen zum Verwalter bestellen. Oft wird er trotz dieser Doppelfunktion nach der Erstbestellung wiedergewählt. Allein diese Konstruktion ist im Fall eines Mangels konfliktreibend.

Der Mediator führt das erste Gespräch mit dem Beirat. Der Beirat erläutert: Jeder der Käufer habe heute eine Wohnung, die trotz des aktuellen Mangels aufgrund der allgemeinen Marktentwicklung 50% mehr wert sei als zum Kaufzeitpunkt.

Der allgemeine Wertzuwachs der Wohnungen führe aber nicht zu einer Verbesserung der Liquidität der Wohnungseigentümergemeinschaft, da nur im Verkaufsfall aus dem Vermögenszuwachs auch tatsächliche Liquidität werde. Einige Eigentümer hätten das Geld für eine mögliche Sonderumlage nicht und würden aufgrund ihres Alters auch keinen Kredit mehr bekommen. Außerdem hätten die Käufer bewusst nicht bei einem Bauträger gekauft, der für jedes Projekt eine eigene GmbH habe. Außerdem könne der Beirat nichts entscheiden, aber er könne der Gemeinschaft natürlich eine Lösung vorschlagen.

Der Mediator bittet den Beirat, sich einmal in die Rolle des Bauträgers zu versetzen: »Wie würden Sie den Konflikt dann sehen?« »Na ja, ehrlich gesagt, in der letzten Eigentümerversammlung ist das schon sehr eskaliert. ‚Betrüger', und ähnliche Formulierungen gegenüber der Verwaltung waren nicht hilfreich. Ich kann mir schon vorstellen, dass die Mitarbeiter ziemlich verletzt waren.

Ich als Beirat auf dem Stuhl des Bauträgers könnte mir vorstellen, dass die Kommunikation eskalierend gewirkt hat. Zumal von dem Vertreter der Versammlung keiner zum Zeitpunkt des Verkaufs bei der Gesellschaft beschäftigt gewesen war. Aus Sicht des Bauträgers kann ich mir aber auch vorstellen, dass die auch keine Freude an Mammutprozessen haben, die immer in Vergleichen enden.«

Der Mediator fragt: »Was bedeuten denn Mammutprozesse für Sie als Beirat?« »Als Beirat wird das die Hölle für mich. Ich kenne den

Beirat einer anderen Gemeinschaft, die sind schon seit drei Jahren vor Gericht mit ihrem Bauträger. Immer wenn ein Schreiben vom Gericht, von der Gegenseite oder von den eigenen Anwälten kommt, sitzen die Eigentümer beim Beirat im Wohnzimmer und fragen ihn ein Loch in den Bauch.« Der Beirat dort sei zwar Volljurist, aber genervt. Außerdem hätte die Gemeinschaft mittlerweile den Verwalter gewechselt. Für jeden Handgriff in dem Rechtsverfahren nehme er extra Geld.

Jedes Schreiben im Verfahren werde für jeden der 300 Eigentümer der 350 Wohnungen kopiert, eingetütet, versendet und berechnet. Da solche Prozesse von kleinen Verwaltern nicht abgebildet werden können, habe man als Eigentümergemeinschaft nur auf wenige Anbieter von Verwaltungstätigkeiten zurückgreifen können. Da die neue Verwaltung die Liegenschaft nicht kennt, funktionieren nicht mehr alle Abläufe wie bisher. Der neue Verwalter der anderen Liegenschaft, so der Beirat, mache auch alles exakt nach Plan. Pragmatische Lösungen wie früher üblich, gebe es nicht mehr. Der Verwalter prüfe jeden Vorgang immer erst aus der Perspektive, ob man ihm einen Fehler vorhalten könnte. Er wisse ja, dass die Gemeinschaft gerne klage. Nein, auf keinen Fall würde er das für seine Gemeinschaft wollen. Irgendwann verwalte so ein Objekt niemand mehr.

Der Mediator spricht nun mit Partei B. Der Bauträgerverwalter führt aus, dass der Anspruch verjährt sei, aber er könne natürlich verstehen, dass ein Mangel, der tatsächlich von Anfang an da war, wenn auch verjährt, die Eigentümer verärgere. Das Schlimme an solchen Verfahren sei, dass sie nie endeten. Von den Mitarbeitern, die während des Baus da waren, sei heute keiner mehr in der Belegschaft. Am Ende des Prozesses erzähle jemand vor Gericht, wie es vor Ort gewesen sei, der gar nicht dabei gewesen war. Die Verfahren nervten ohne Ende und belasteten die Mitarbeiter bei den aktuellen Projekten. Viele Sachverhalte aus den Gutachten müssten den Anwälten erläutert werde, um Schwachstellen zu finden, die wieder Basis weiterer Fragen seien. Es würde nie aufhören. Manchmal hätte er den Eindruck, dass die Richter selbst eine Verständigung erzwingen wollten, um selbst nicht alles lesen zu müssen. Insofern: lieber jetzt eine schnelle Lösung.

Der erste Punkt ist erreicht, beide Parteien wollen kein Rechtsverfahren. Der Mediator schlägt ein gemeinsames Gespräch vor. Beide Parteien sind damit einverstanden. Der Bauträger fragt offen, ob er sich auf die Vertraulichkeit verlassen könne und nichts von den folgenden Ansätzen gegen ihn verwendet werde. Die Parteien versichern sich das. Offen gesprochen: »Die anteiligen Rechts- und Verfahrenskosten von etwa 200.000 € waren bei jedem Verfahren am Ende durch uns zu tragen«, so der Bauträger. Die könnte er auch gleich zahlen. Wichtig sei ihm aber, dass es Konsens darüber gebe, dass hier kein Betrug vorliegt. Es sei sicherlich ein Planungsfehler, aber keine böse Absicht oder Vorsatz. Wichtig sei jetzt, im Iterationsverfahren, den richtigen Wert zu finden, der gerade ausreicht, dass die Eigentümer ihn akzeptieren und die Fanatiker sich in der Eigentümergemeinschaft nicht durchsetzen können. Gleichzeitig müsse der Bauträger tatsächlich seine Gremien überzeugen können, dass die Nebenwirkungen eines juristischen Verfahrens für das Unternehmen schädlicher sind als sich zu einigen«. Wichtig für den Beirat ist auch, dass jeder Eigentümer seine Wohnung verkaufen kann, ohne auf den Dauerstreit hinweisen zu müssen. Solch ein Streit wirkt sich negativ auf den Kaufpreis aus.

Der Mediator fragt, ob es weitere Ansätze gebe, um die Situation zu befrieden. Der Bauträger sagt: »Ehrlich gesagt halte ich diese Maßnahme für überdimensioniert.« Der Vorschlag sei technisch betrachtet perfekt und stelle eine deutliche Verbesserung aus Sicht der heutigen Situation dar, gehe aber weit über die reine Mängelbeseitigung hinaus.

Die Parteien sind sich einig, dass die Maßnahme so groß dimensioniert sein sollte wie nötig und gleichzeitig so klein wie möglich. Insofern bietet der Bauträger fachliche Unterstützung durch seine Planer an. Damit wolle man den Eigentümern vermitteln, dass dem Bauträger der Mangel nicht egal ist.

Die Parteien rechnen: Bei 350 Wohnungen – im Durchschnitt 75 qm groß mit einem Wert von 3000 € pro qm ergibt sich ein Wert der ganzen Anlage von 78.750.000 €. Jede Wertminderung durch Dauerprozesse ist größer als die Maßnahme selbst. Die Maßnahme selbst liegt bei 1,33 % des Wertes der Gesamtanlage. Eine Wertminderung um nur 3 % durch Dauerprozesse wäre fast dreimal so teuer für die Eigentümer.

Am Ende gelingt es den Beteiligten, die Maßnahme sachgerecht zu dimensionieren und die Kosten um 60 % zu senken. Der Bauträger weiß, dass die Bauteile, die gewechselt werden, jahrelang in Gebrauch waren und fordert dafür einen entsprechenden Abzug. Der Mediator fragt, ob es um Recht gehe oder um Interessenausgleich. Die verbleibenden 420.000 € teilen sich die Gemeinschaft und der Bauträger hälftig. Die Umlage beträgt jetzt 600 € pro Eigentümer. Die Beteiligten sind sich einig: Wer das nicht leisten kann, sollte zur Miete wohnen. Der Beirat berichtet, dass die Gemeinschaft in Eigenregie Lösungen für diese Personen organisiert habe. Der Beirat sagt, nachdem der Bauträger Hilfe angeboten habe, orientierten sich 95 % der Eigentümer auf die in die Zukunft gerichtete Lösung.

In der Eigentümerversammlung wird die Einigung mit einer Mehrheit von 95 % beschlossen. Bei einem Glas Rotwein sitzen Bauträger, Beirat und Mediator zusammen. Der Beirat sagt, es mache ihm richtig Spaß, Beirat zu sein. Bis auf ein paar Krawallköpfe seien alle froh, dass es keinen Dauerstreit gab. Allein das Gefühl »betrogen« worden zu sein, würde einen ja ärgerlich machen. So seien alle froh, die Wohnung zu haben und freuen sich über den Wertzuwachs.

Der Bauträger erzählt, dass er in seinen Gremien eine sofortige Akzeptanz dieser Einigung gehabt habe. Die Gremienmitglieder, die bei einer stadtnahen Gesellschaft das Handeln ehrbarer Kaufleute erwarteten, hätten sofort zugestimmt. Letztendlich blieb nur eine Frage in den Gremien übrig, nämlich: Warum regelt ihr das nicht immer so?

DIE IMMOBILIE
IM FALLE EINER ERBSCHAFT

Fallbeispiel 5

Die Immobilie im Falle einer Erbschaft

Der Freiberufler Fischer und seine fünf Kinder wohnten in einer Großstadt in Baden-Württemberg. Der Vater der Familie setzte die Tradition seiner Vorfahren, eine freiberufliche Selbstständigkeit, fort.

Parallel erwarb er regelmäßig Mehrfamilienhäuser. Alle fünf Kinder bekamen zwischen ihrem 30. und 40. Lebensjahr eine Immobilie nach Wunsch, um diese privat zu nutzen.

Der Vater war beruflich und mit seinen Immobilieninvestitionen sehr erfolgreich. Sein »Verhängnis« war seine von seinen Eltern übernommene Sparsamkeit. So wohnte er in einem seiner Miethäuser.

Er hatte zwei Wohnungen zusammengelegt. Die Einkäufe wurden mithilfe der ALDI-Prospekte optimiert. Seine Eltern hatten im Krieg extrem wirtschaften müssen, aber auch er konnte davon nicht lassen. Notwendig war das natürlich schon lange nicht mehr.

Seine Eltern waren sehr staatskritisch und konnten sich mit der NSDAP nie identifizieren. So hatte auch er gegenüber dem Staat stets Vorbehalte. Steuern waren ihm eine Plage und versteuertes Einkommen durch Vermögenssteuer und Erbschaftssteuer doppelt zu belasten, war für ihn klares Unrecht. Über Geld wurde in der Familie nicht gesprochen.

Als der Familienvater kurz nach seiner Ehefrau starb, wurde das Testament eröffnet. Vorher war dies nie besprochen worden. Die fünf Kinder gingen davon aus, dass das Restvermögen durch fünf geteilt werden würde, ggf. mit einem Wertausgleich für den Wertunterschied der jeweiligen Immobilie, die jeder vorab bekommen hatte.

Die fünf Kinder trauten ihren Augen nicht, als sie merkten, dass ihr Vater sein Vermögen so verteilt hatte, dass die Steuerfreibeträge von seinen Kindern und – soweit vorhanden – Enkelkindern optimal genutzt werden konnten. Außerdem gingen die Kinder, die selbst keine Kinder hatten, oberhalb des Freibetrages leer aus. Seine Idee war wohl: Eine Immobilie vorab plus Freibetrag reicht für ein Leben in Sicherheit. Ein Leben ohne Arbeit wäre für alle Kinder möglich, das wollte er aber nicht. Müßiggang ist aller Laster Anfang. Das galt natürlich auch für die Kinder, die eigene Kinder hatten. Aber die sollten das höhere Erbe nicht für sich, sondern zur Weitergabe an die nächste Generation nutzen, immer mit dem Ziel, möglichst viel Vermögen zu erhalten und möglichst keine Erbschaftssteuer zu zahlen. Abschließend belegte er seine kinderlose Tochter, die als einzige noch in der Heimatstadt wohnte, mit der Grabpflege.

Ein kurzes Hochrechnen ergab, dass einzelne Kinder mehrere Millionen erbten und andere, nämlich die Kinderlosen lediglich den Freibetrag von 400.000 €. Schlagartig war der größte Streit zwischen den Kindern entbrannt. Die Kinderlosen schrien, dass sie das anfechten werden. Diskriminiert zu werden, weil man keine Kinder habe, obwohl man sie sich so sehr gewünscht hatte. Sittenwidrig!

Der Rechtsanwalt Dr. Lustig teilte die Auffassung, dass es sich lohnen könnte, die Sittenwidrigkeit gerichtlich zu klären. Außerdem sollte man auch prüfen lassen, ob der Pflichtteilanspruch verletzt sei.

Mittlerweile sind Jahre vergangen. Die Familie spricht nicht mehr miteinander. Für Rechtsanwälte wurden über 100.000 € investiert. Es bleibt offen, ob alle Beteiligten das Ende der Prozesse erleben.

"ANLEITUNG ZUM UNGLÜCKLICH SEIN: NUR DAS SEHEN, WAS MAN NICHT HAT"

DIE IMMOBILIE IM FALLE EINER ERBSCHAFT

Fallbeispiel 5

in selbstbestimmter Konfliktlösung

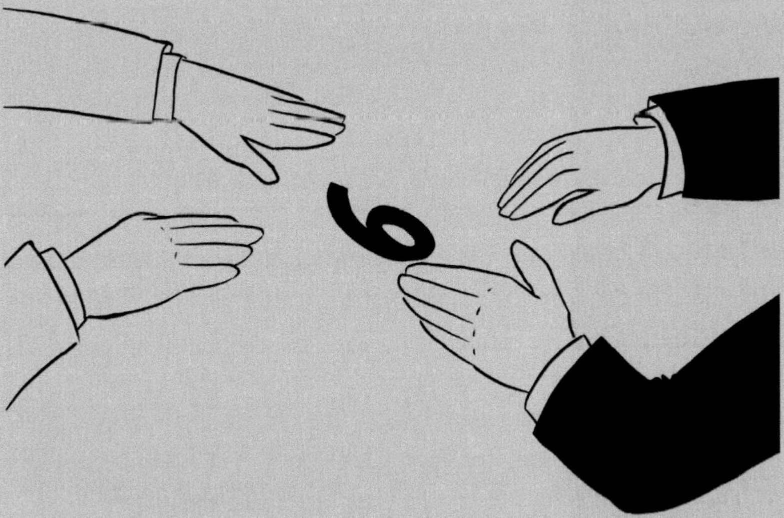

Der Streit ist riesig, die Kinder mit eigenen Kindern erklären, dass dies ja eigentlich gerecht sei. Die kinderlose Tochter, die vor Ort wohnt, und am wenigsten bekommen hat, erklärt, sie könne die Entscheidung zwar nicht verstehen, aber das müsse sie auch nicht. Ihr Vater sei so gewesen wie er war und sie nun um den Freibetrag reicher. Sie werde das auch nicht anfechten, dafür sei ihre Lebenszeit viel zu wertvoll. Sie habe von den Eltern gelernt, sparsam gut zu leben. Insofern habe sie auch viel geerbt. Vergleichen werde sie sich mit ihren Geschwistern nicht. Vergleich sei der sichere Weg ins Unglück. Ihre Geschwister trauen ihren Ohren nicht und fragen, ob sie das ernst meine. Sie sagt: »Ja.« In Deutschland hätten die meisten mehr Geld für Essen und Trinken als gut für ihre Körper sei. Sie sei dankbar, in ein wohlhabendes Land geboren worden zu sein, dass sei ja auch nicht ihr Verdienst. Ihr Auskommen habe sie schon vor der Erbschaft gehabt und jetzt sei die ein oder andere schöne Reise möglich. Außerdem solle jeder mal ausrechnen, wie viele Stunden und Jahre man für so viel Geld arbeiten müsse. Sie sei sehr dankbar.

Fassungslos schauen sich die Geschwister an, da ergänzt die Benachteiligte: »Sucht euch einen Mediator, anstatt euch jahrelang um Geld zu streiten, was ihr nicht braucht!« Abschließend erzählt sie die Geschichte der 99 Goldstücke. Die verbleibenden Kinder beauftragen einen Mediator zur Klärung der Angelegenheit. Nachdem er das Verfahren erklärt hat, fragt einer der Kinder, was die Mediation kosten würde. Der Mediator sagt: »In so schwierigen Fällen 300 € pro Stunde netto.« Die Kinder sind entsetzt. Der Mediator steht auf und fragt: »Was wäre für Sie die BATNA (Best Alternative to a Negotiated Agreement) und was wäre für Sie die WATNA (Worst Alternative to a Negotiated Agreement)?«

Die Kinder beschlossen, als Familie zusammenzuhalten und den Spruch des Vaters in Ehren zu halten: »Müßiggang ist aller Laster Anfang«.

Für eine sehr ordentliche Ausbildung für alle Kinder reichte es sowieso.

DIE IMMOBILIE IN IHREM UMFELD – BEISPIEL NEUBAUGEBIET

Fallbeispiel 6

Die Immobilie in ihrem Umfeld: das Neubaugebiet in einer Sackgasse

In der Stadt Bamberg mit 100.000 Einwohnern gab es ein neues Baugebiet. Einer der großen Impfhersteller hatte eine Produktionsstätte in der Stadt gebaut. Nun kam es zu einer deutlich erhöhten Nachfrage nach hochwertigem Wohnraum. Die Stadt versuchte, den Bedarf zu bedienen, indem sie am Ende einer vorhandenen Sackgasse mit Namen Luisenstraße ein Neubaugebiet erschloss.

Hier sollten 30 Doppelhaushälften gebaut werden. Das Gebiet um die Luisenstraße ist in alle Richtungen von einem großen Park umgeben, der einer industriellen Stiftung gehört. Ursprünglich gehörte dieser Stiftung auch das Gebiet, wo jetzt das Neubaugebiet entstehen sollte. Da aber die Stiftungszwecke immer wieder Geldzugänge benötigten und diese bei dem aktuellen Zinsniveau der Europäischen Zentralbank mit mündelsicheren Anlagen zu erwirtschaften sind, mussten regelmäßig Teile der Substanz veräußert werden.

Die Stiftung hatte die Flächen für das Neubaugebiet an die stadtnahe Gesellschaft «Bamberger Bauunternehmen Soziales Wohnen« verkauft. Diese Gesellschaft hatte zwar eigentlich den Auftrag, Wohnraum für Menschen mit geringerem Einkommen zur Verfügung zu stellen, aber sie versuchte, durch attraktive Neubauvorhaben Gewinne zu machen, die sie dann tatsächlich zugunsten der Mieter ihres Bestandes in Instandhaltung und Modernisierung investieren konnten, ohne damit die Mieter belasten zu müssen. Wie so oft gab es gerade aufgrund der Tätigkeit der stadtnahen Gesellschaft seitens der Anwohner erhebliche Zweifel, ob das denn alles mit rechten Dingen zugegangen sei.

Die Anwohner munkelten, dass von ihnen keiner eine Baugenehmigung im Park bekommen habe, aber für die industrielle Stiftung schaffe der Stadtrat Baurecht, wie die es haben wollten. Aufgrund der neuen Arbeitsplätze waren die Doppelhaushälften auch quasi über Nacht verkauft. Nun haben die Bauarbeiten begonnen und die Anwohner fühlen sich in ihrer Ruhe massiv gestört: Die Baumaschinen versperren die Durchfahrt. Die An- und Abfahrten erzeugen erheblichen Lärm. Außerdem werden Einfahrten zugeparkt. Regelmäßig werden die Fußgänger auf die Straße verdrängt, weil die Gehwege durch die Baustellenfahrzeuge zugeparkt werden. Aus der ruhigen, geschützten Sackgasse ist eine verkehrsintensive Straße geworden, die außerdem im Dreck erstickt. Der Streit der Anwohner mit der Baufirma eskaliert.

Jedes falsch parkende Auto wird fotografiert und angezeigt. Fahren Baufahrzeugen über den Gehweg wird sofort die Polizei verständigt. Die Bauarbeiter werden bei jeder Verletzung einer Verkehrsregel angezeigt. Die stadtnahe Gesellschaft findet keine Betriebe mehr, die bereit sind, an diesem Projekt zu arbeiten. Parallel dazu wird die Baugesellschaft mit Anrufen überhäuft. Nun prüft die Geschäftsführung mit ihren Rechtsanwälten das weitere Vorgehen. Die Rechtsanwälte erläutern, dass es Konflikte gebe, die rechtlich nicht lösbar seien.

DIE IMMOBILIE IN IHREM UMFELD – BEISPIEL NEUBAUGEBIET

Fallbeispiel 6

in selbstbestimmter Konfliktlösung

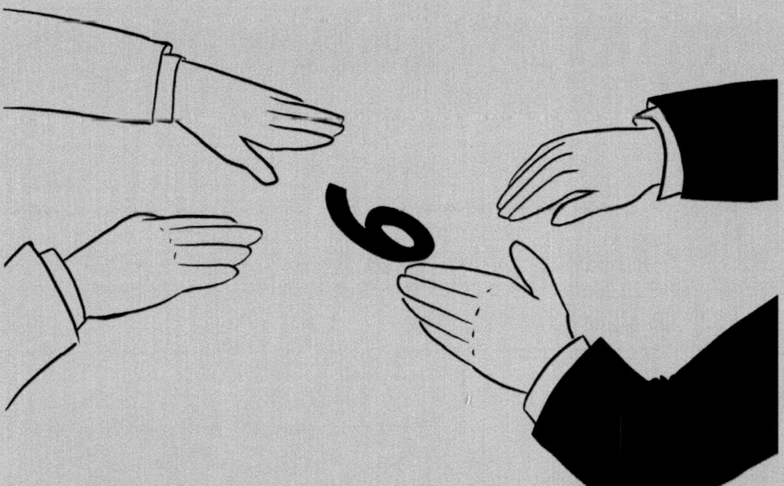

Die Geschäftsführer der Baugesellschaft berichten den Gesellschaftern von ihrem Gespräch bei den Rechtsanwälten. Das Ergebnis des Gesprächs ist einfach und unmissverständlich: Alle Firmen müssen sich exakt an die Gesetze halten.

Die Parteien verständigen sich auf einen Mediator. Der Mediator fordert einen Rahmen für die Kommunikation ein. In verschieden Formaten mit Walk&Talk räumen die Bewohner ein, dass Doppelhaushälften gebraucht würden und irgendwo auch gebaut werden müsse. Als ihre Häuser gebaut worden seien, seien auch alle Nachbarn dagegen gewesen. Umgekehrt macht die stadtnahe Gesellschaft glaubhaft klar, dass die Bauphase keine Wiedergeburt des »Wilden Westens« sein dürfe. Es werde einen zentralen Ansprechpartner geben, um bei Störungen sofort zu helfen. Die Autos der Bewohner werden zulasten der Gesellschaft einmal die Woche geputzt. Besondere Lärmsituationen werden rechtzeitig angekündigt, sodass alle sich darauf einstellen können. Gegenseitige Wertschätzung veränderte alles.

DIE IMMOBILIE IN DER UNTERNEHMENSNACHFOLGE

Fallbeispiel 7

Die Immobilie in der Unternehmensnachfolge einer Druckerei

Der Unternehmer Ernst Weber, geboren 1937, betreibt im Gewerbegebiet von Wiesbaden seit 1965 eine Druckerei. Jahrzehntelang war er in der Stadtverordnetenversammlung für die CDU aktiv, war Mitglied bei Rotary und Mitglied des Präsidiums der IHK Wiesbaden. Besser vernetzt konnte man nicht sein. Aufträge der Stadt und der IHK bekam er regelmäßig. Seine »Geheimwaffe« aber war, nicht druckfertige Aufträge von Auftraggebern anzunehmen, die unter Zeitdruck standen. Es waren immer dieselben Muster, die dazu führten, dass die Auftraggeber die Aufträge nicht rechtzeitig druckfertig bekamen.

Er machte notfalls am Wochenende und oder im 24-Stunden-Notbetrieb die Arbeit der Auftraggeber. Die Mitarbeiter verstanden nicht, dass er nicht auf »Druckreife« bestand. Er fluchte gegenüber den Mitarbeitern über die Qualität der Vorarbeit, obwohl er diese längst zum Geschäftsmodell gemacht hatte. Er wollte verhindern, dass ihm jemand dieses Geschäftsmodell streitig machte. Die Qualität der Vorlagen reduzierte sich von Jahr zu Jahr, da die Auftraggeber, z. B. die Stadt und die IHK, längst wussten, dass er ihre Arbeit einfach mitmachte. Natürlich rechnete er diesen Aufwand nicht extra ab, sondern kalkulierte den eigentlichen Auftrag entsprechend.

Der Kreis seines Geschäftsmodells schloss sich dadurch, dass er durch seine Gremienarbeit alle Entscheidungsträger persönlich kannte. Aufgrund seiner langjährigen Erfahrung konnte er im persönlichen Gespräch mit zwei, drei Sätzen die Erwartungshaltung der Auftraggeber präzise abschätzen.

Das Vergaberecht hätte dies eigentlich beenden müssen. Die Stadt schrieb einige Aufträge aus und schon kam es zum Streit: Die Auftragnehmer erklärten, die Aufträge seien nicht druckreif. Schnell hatten die Vergabestelle und die Rechtsabteilung diesen Streit satt und spalteten die Aufträge so auf, dass der Schwellenwert nicht überschritten wurde.

Technisch investierte Herr Weber viel in seine Maschinen, um die Qualität der Druckerzeugnisse sicherzustellen. Er lebte zwar bescheiden, aber schicke Anzüge, ein 5er BMW und vor allem Spenden für das Gemeinwohl wurden von erfolgreichen Unternehmern erwartet. Seine Mitarbeiter musste er für die »Noteinsätze« auch entsprechend bezahlen. Das Firmengebäude musste natürlich auch den Erfolg der Firma widerspiegeln. Ein Neubau war unverzichtbar. Die einzig offene Frage war die Altersversorgung für seine Ehefrau und ihn. Seit berufliches Leben war erfolgreich, setzte aber ein enormes zeitliches Engagement voraus. Im Alter wollte er mit seiner Frau alles nachholen. Finanziell baute er in der Firma Rückstellungen für seine Frau und sich auf.

Nun übernahm der Sohn die Firma und musste neben den offenen Krediten für das Firmengebäude auch noch die Altersversorgung zahlen. Dafür bekam er das Gebäude und 20 hervorragende Mitarbeiter. Den Firmenwert selbst schenkte der Vater seinem Sohn großzügig.

Der Sohn arbeitete ihm Betrieb und dachte sehr genau zu wissen, was auf ihn zukam. Seine Frau arbeitete, wie seine Mutter, nicht und kümmerte sich um die Kinder. Die Digitalisierung veränderte sein Geschäftsmodell. Die einstigen Ansprechpartner waren mittlerweile im Ruhestand und die jungen Mitarbeiter der Stadt und der IHK konnten dank Digitalisierung druckfrei liefern und im Zweifelsfall selbst drucken oder für einen Bruchteil der Kosten weltweit drucken lassen.

Nun hatte der Übernehmer ein großes Bürogebäude und 20 Mitarbeiter. Beides brauchte er nicht mehr. Im Ergebnis war er pleite. Dazu kam die Altersversorgung für seine Eltern. Heute befindet er sich seit fünf Jahren im Rechtsstreit mit seinen Eltern. Ebenso lange haben seine Kinder Oma und Opa nicht mehr gesehen.

DIE IMMOBILIE
IN DER
UNTERNEHMENSNACHFOLGE

Fallbeispiel 7

in selbstbestimmter Konfliktlösung

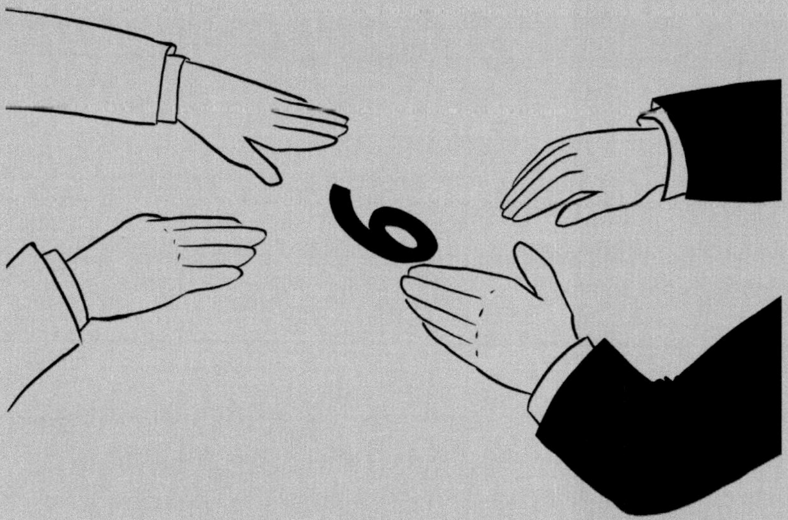

Die Unternehmensnachfolge ist eine der besonders schwierigen Situationen für alle Beteiligten. Die Frau des übergebenden Unternehmers und gleichzeitig Mutter des Übernehmers fordert ein Gespräch aller Beteiligten inklusive der Schwiegertochter. Der Betrieb ist das Lebenswerk ihres Mannes, aber die Familie war und ist ihr immer wichtiger als materielle Themen. Sie schlägt ihrem Mann vor, eine Mediation zu versuchen. Der Ehemann hat in seinem Leben alles per Rechtsanwalt gelöst, aber bevor er zu diesem letzten Mittel griff, hatte er immer das Gespräch gesucht. In 90 % der Fälle kam es zu einem Kompromiss, der für ihn akzeptabel war. »Reden hilft« war immer sein Motto.

Als der Sohn von seiner Mutter angesprochen wird, winkt er ab: »Mutter, das hatten wir doch so oft. Papa stimmt einer Familienaufstellung zu und dann bestimmt er – wie immer.«

Die Mutter bestätigt, dass sein Vater sich damit schwertun werde, andere Lösungen zuzulassen, aber hier gehe es um sein Lebenswerk als Unternehmer und sein Lebenswerk als Vater und Ehemann.

Nach langen Überlegungen und Abwägungen beschreiben alle Beteiligten, wie ein Mediator aussehen müsste. Wichtigste Eigenschaft, so sind sich alle einig, er müsste von allen ernst genommen werden und alle ernst nehmen. Nachdem der Mediator gefunden worden war, sprechen die Parteien über diesen Punkt und fragen, wie er das sicherstellen könne.

Der Mediator erläutert, dass er bei allen Konflikten stets einen Rahmen mit den Parteien für die gemeinsame Mediation vereinbare und zwar bevor über das erste Thema, über die ersten Interessen oder gar Lösungsansätze gesprochen wird. Zur Vereinbarung gehören die Grundsätze einer Mediation, die Erläuterung der Vorgehensweise, die Regeln des Gesprächs und das Wesen einer Mediation. In dieser Art von Konflikt sei es besonders wichtig, dass die Parteien Unterstellungen und persönliche Angriffe vermieden. Um dies zu erreichen, schlägt der Mediator das Format Walk and Talk vor. Dieses Format führe regelmäßig zu »Dialog statt Monolog«, zu einem entspannten Umfeld und damit zu einem lösungsorientierten Klima.

Im ersten Gespräch zwischen Mediator und Sohn stellt der Sohn seine Wahrnehmung dar. Er sei völlig verzweifelt, weil sein Vater ihn für den Niedergang der Firma verantwortlich machen würde. In Wahrheit sei es doch so, dass er im übertragenden Sinn zum Zeitpunkt der Erfindung und Verbreitung des Automobils einen renommierten Betrieb für Kutschen übernommen hätte. Jetzt stünde er als unfähiger Unternehmer da. Sein Vater habe seinen Kindern schon so oft erzählte, wie er aus dem Nichts einen renommierten Betrieb gemacht habe. Der Sohn empfindet, dass der Vater »sage«, er habe den Betrieb aufgebaut und der Sohn schaffe es nicht einmal, den Betrieb zu erhalten. Aber wenn der so weitermache, sehe er seine Enkel nie wieder. Abschließend führt er aus, dass er auch nichts dafürkönne, dass sein Vater die gesamte Alterssicherung durch den Betrieb dargestellt habe. In seiner Ausbildung als Diplom-Volkswirt habe er gelernt, dass man Klumpenrisiken vermeiden solle. Seine Themen seien: Fortführung des Betriebs, Verkauf des Gebäudes, Insolvenz, Altersversorgung der Eltern, Ein- und Auskommen seiner Familie.

Im Gespräch mit dem Vater wird der Mediator überrascht. Der Vater kommt sofort auf den Punkt. Privates und Geschäftliches solle man immer klar trennen. Er habe selbst dagegen verstoßen. Die Vorstellung, dass sein Sohn den Betrieb übernehmen solle, sei in den letzten Jahrzehnten immer mehr gewachsen. Aber er habe nach dem Einführungsgespräch noch einmal die letzten Jahre Revue passieren lassen und die Angebote und Preise von Druckerzeugnissen verglichen. Die digitale, weltweite Konkurrenz ist unterm Strich unschlagbar.

Sein Sohn sei ihm von der Ausbildung haushoch überlegen, er selbst habe nicht studiert, sondern würde mehr anpacken. Bei früheren Druckmaschinen habe das ja auch noch geholfen. Es sei wie mit einem VW Käfer und einem heutigen Auto. Früher habe man vieles selbst regeln können, heute nichts. Als er sich das alles ausgedacht habe, sei diese dramatische Entwicklung nicht abzusehen gewesen. Ein profitabler Betrieb sei mit seinem Geschäftsmodell nicht mehr möglich. Durch den Wertzuwachs des Grundstückes würde nach einer Abwicklung genug für seine Altersversorgung übrig sein. Der Sohn würde aber ohne Erbe dastehen. Das sei ihm jetzt bewusst geworden. Statt vor einigen Jahren ein neues Firmengebäude zu bauen, hätte er den Betrieb verkaufen sollen. Seine Themen sind: Fortführung des Betriebs, Verkauf des Gebäudes, Insolvenz, seine Altersversorgung, Ein- und Auskommen der Familie seines Sohnes.

Der Mediator sprich erneut mit dem Sohn und fragt, was für ihn BATNA (Best Alternative to a Negotiated Agreement) und WATNA (Worst Alternative to a Negotiated Agreement) wären. Der beste Fall wäre, dass nach dem Verkauf des Gebäudes und der Abwicklung der Firma die Altersversorgung der Eltern gesichert sei. Der schlechteste Fall wäre, dass nach Verkauf und Abwicklung die Altersversorgung nicht darstellbar sei und Insolvenz angemeldet werden müsse. Vom Traum seiner Jugend, einen florierenden Betrieb zu übernehmen und zu Lebzeiten an seine Kinder zu übergeben, habe er sich verabschieden müssen. Das hätten ihn die

Bilanzen der letzten Jahre schmerzlich gelehrt. Der Mediator ist wieder überrascht und fragt, ob es ihn nicht stören würde, dass es damit eines Neuanfangs bedürfe. Nein, sagt er, er wäre froh und glücklich, wenn seine Eltern versorgt seien und er seine Fähigkeiten in Zukunft nicht weiter in ein Geschäftsmodell einbringen müsse, das tot sei.

Er möchte Erfolg und einen Neuanfang für sich. Außerdem besteht die Chance, Privates und Geschäftliches in der Familie endlich zu trennen und zum Familienfrieden zurückzukehren.

DIE IMMOBILIE IN DER UNTERNEHMENSNACHFOLGE

Fallbeispiel 8

Die Immobilie in der Unternehmensnachfolge: der Einzelhändler

Der Sohn Klaus Meyer hatte das Haus in guter Lage von seinem Vater übernommen. Im Erdgeschoss sowie im ersten Stock des Hauses ist ein Einzelhandelsgeschäft. Ursprünglich betrieb die Familie dieses selbst. Im zweiten und dritten Stock sind fremdvermiete Wohnungen. Im obersten Stock war die Wohnung der Familie.
Der Sohn musste zwar seine Schwester auszahlen, aber der Betrieb war hochrentabel – zumindest für seine Eltern und Großeltern. In seiner Kindheit schwärmten sie immer wieder von den »Goldenen Sechziger- und Siebzigerjahren«.

Sein Konzept war klar und einfach und ließ sich in 3 Punkten zusammenfassen:

1. Kredit zur Auszahlung seiner Schwester
2. Verpachtung des Betriebes, denn bei den heutigen Öffnungszeiten käme seine Familie sonst zu kurz.
3. Zusammenlegung der elterlichen Wohnung im vierten Stock mit der Wohnung im dritten Stock, die bisher fremdvermietet war.

Als er mit der Bank sprach, äußerte sie Zweifel am Wert des Hauses. Seit dem Onlinehandel seien solche Geschäfte nur noch schwer zu verpachten und ganz sicherlich nicht zu dem angestrebten Preis. Als er mit seiner Schwester sprach, flippte diese aus und teilte ihrem Bruder mit, dass sie ihr Geld für den Bau einer Villa mit ihrem Mann eingeplant habe.

Da gab es kein Zurück mehr. Die Schwester wurde von ihrem Ehemann gedrängt, den Bruder zu verklagen. Ein Ende des Streits war nicht in Sicht.

DIE IMMOBILIE IN DER UNTERNEHMENSNACHFOLGE

Fallbeispiel 8

in selbstbestimmter Konfliktlösung

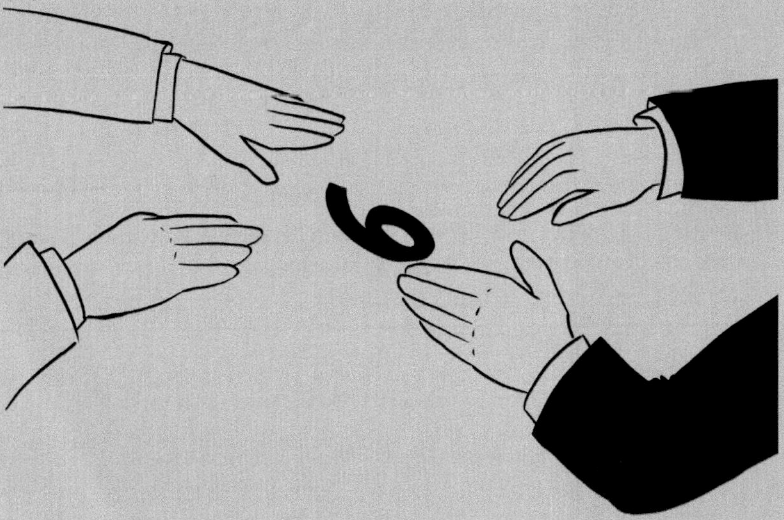

Selbstbestimmte Konfliktlösung

Die Geschwister gehen zum Mediator. Im Ergebnis wird der Betrieb zu 70 % der angenommenen Pacht vermietet. Das Zusammenlegen der Wohnungen entfällt, um einen Teil der Differenz auszugleichen. Die Schwester sieht, dass ihr Bruder einsichtig ist und wirkt hinsichtlich der Kosten des Hausbaus beschwichtigend auf ihren Mann ein.

DIE IMMOBILIE IN DER UNTERNEHMENSNACHFOLGE

Fallbeispiel 9

Die Immobilie in der Unternehmensnachfolge: Die beiden erfolgreichen Unternehmer aus Waiblingen

Waiblingen im Jahr 1974. Frau Bertha Becker, Ehefrau des sehr erfolgreichen Angestellten Karl Becker, der bei der Firma Maier & Co. im Zentrum der europäischen Metropolregion Stuttgart beschäftigt ist, liest aus dem Tagebuch ihres Manns:

»Ich hatte schon früh im Studium den Wunsch nach Selbstständigkeit. Am Rande eines Unternehmertreffens mit Lothar Späth – damals noch junger, später sagenumwobener Ministerpräsident in Baden-Württemberg – lernte ich Herrn Heinrich Müller kennen: ruhige Ausstrahlung, schon von außen erkennbar ein erfolgreicher Unternehmer, kannte viele Teilnehmer per Namen, was für sein Netzwerk sprach, älteres Baujahr, ich schätzte ca. 65 Jahre. In der nächsten Kaffeepause erzählte er mir, dass er die kaufmännische Seite in seinem Unternehmen abdecke und nach dem tragischen Tod seines Sohnes einen jüngeren Ingenieur für den technischen Teil seines in Asien marktführenden Unternehmens zur Herstellung von Medizintechnik suche. Ich deutete vorsichtig an, dass ich vor fünf Jahren mein Maschinenbaustudium in Aachen beendet hatte – und so standen wir auch in der nächsten Kaffeepause zusammen. Einige Monate und Verhandlungen später einigten wir uns und gründeten dann ein weiteres Unternehmen. Wir hatten sehr klare Vorstellungen sowohl über das Produkt als auch über den Markt. Wir teilten die Anteile 50 % zu 50 %. Tatsächlich haben wir das einfach so gemacht und gar nicht wirklich darüber nachgedacht. Seitdem schüttelt jeder Berater mit dem Kopf und empfiehlt uns, das endlich zu regeln. Tatsächlich wuchs und gedieh unser Unternehmen bis hin zu einem internationalen Anbieter dieser Spezialmaschinen.

Mein Ansehen stieg in meinem Umfeld stark, was mir durchaus etwas schmeichelte. Meine wunderbare Frau Bertha und vier Kinder – ein Sohn: Max und drei Töchter: Lisa, Ida und Dorothea – vervollständigten das Glück.

Selbstverständlich konnte ich auch großzügig gemeinnützige Dinge unterstützen. Außerdem war ich im örtlichen Rotary-Club und im CDU-Wirtschaftsrat aktiv. Mir war immer bewusst, dass ich die Freundschaft zu Herrn Müller und damit auch das Unternehmen letztlich der Veranstaltung mit Lothar Späth zu verdanken hatte. Wir als Gesellschafter waren beide sehr zufrieden mit der Entwicklung unseres Unternehmens.

Irgendwann kam Herr Müller – wir haben uns nie geduzt – auf mich zu und erklärte mir, dass er sich frage, wie es mit der Firma weitergehen solle, wenn er sterben würde.

Ich kann mich genau an den Tag erinnern. Er rauchte eine Zigarre, was er nur an sehr besonderen Tagen machte. Ich war fassungslos. Von einem auf den anderen Moment gab es in meinem Leben eine neue Realität, die mir gestern noch unvorstellbar war.

Fragen über Fragen schossen mir durch den Kopf. Ich dachte: ‚Hoffentlich ist er nicht krank. Muss ich das Unternehmen jetzt alleine führen? Wir haben das doch gemeinsam aufgebaut. Ich habe Maschinenbau studiert. Herr Müller hatte die Finanzen immer so im Griff, dass ich nie nachgefragt hatte und letztlich auch keine hinreichende Expertise aufgebaut hatte.‘ Letztlich sah ich mein Lebenswerk gefährdet, obwohl ich altersmäßig am Anfang stand. Plötzlich erinnerte ich mich, dass Herr Müller in den letzten Jahren immer mal angedeutet hatte, sich zurückziehen zu wollen. Mir wurde klar, dass ich das einfach überhört hatte, weil ich es nicht hatte hören wollen.

Bei aller Wertschätzung für meinen Senior-Partner, aber zu leicht wollte ich es ihm jetzt nicht machen und schloss daher den Kauf seiner Anteile aus. Aber entgegen meiner Erwartung reagierte er völlig entspannt und machte mir einen Vorschlag, den ich nicht erwartet hatte.

Er schlug mir ernsthaft vor, seinem Sohn Viktor seine Anteile zu übertragen und ihn in zwei Jahren zum gleichberechtigen Geschäftsführer zu machen. Tatsächlich war Herr Müller verheiratet und hatte zwei Kinder, nämlich Viktor und Annette. Er sagte, das sei nur eine Formalie, zu sagen habe der Rest der Familie nichts. Tatsächlich drängten uns unsere Ehefrauen dazu, einen Notfallplan zu entwickeln und die Nachfolge zu regeln. Stattdessen konzentrierten wir uns aufgrund der hohen Nachfrage darauf, weitere internationale Märkte zu erobern.«

So hatte mein Mann die Geschichte niedergeschrieben und leider passierte das Schlimmste. Er war mittlerweile kurz vor dem Ruhestand und verstarb völlig überraschend. Ich saß mit unseren Kindern am Esstisch in unserem Haus in Waiblingen und musste feststellen, dass mein Mann nichts, aber auch gar nichts, geregelt hatte. Weder notariell noch handschriftlich waren die zentralen Fragen geklärt. Unvorstellbar. Er hatte nicht einmal eine Idee für die Zeit nach seinem Ableben hinterlassen.

Jetzt gab es ein sehr erfolgreiches Unternehmen mit zwei Blutslinien. Auf der einen Seite der lebende Geschäftsführer Viktor, der Sohn von Herrn Müller, mit seiner Frau und zwei Kindern, Andrea und Karin, die allerdings beide kein Interesse am Unternehmen hatten.

Auf der anderen Seite saß ich mit vier Kindern. Mir gehörten von der Firma nur 25 % und meinen Kindern jeweils 6,25 %. Mein Sohn trat in die Firma als Geschäftsführer ein. Gleichzeitig gehörte die Familienvilla nun zu 50 % mir und zu je 12,5 % meinen Kindern Max, Lisa, Ida und Dorothea. Die Villa hatte ungefähr 5 % des Wertes der Summe der Firmenanteile der Familie Becker.

Max war schon vor Jahren in die Firma eingetreten, wollte aber alle Entscheidungen der letzten Jahre klar und transparent von seinen Geschwistern bestätigt bekommen. Bereits bei der Diskussion über die Vergütung für die Tätigkeit meines Sohnes Max war der Familienfrieden Geschichte. Ich war unendlich traurig.

Tatsächlich verdüsterte sich auch das Bild in meinem Herzen über meinen Mann. Wie hatte er nur so verantwortungslos sein können, dies einfach nicht zu regeln? Jeder Mutter und so auch mir ist der Familienfrieden das Wichtigste im Leben.

Bereits das erste Gespräch eskalierte. Meine älteste Tochter Lisa ist Lehrerin und hatte von Gehältern in dieser Größenordnung noch nie gehört. Außerdem – und das war das wirkliche Drama – verglich sie ihr Gehalt mit dem ihres Bruders Max. Natürlich, räumte sie ein, bedeute ein Betrieb mit 200 Mitarbeitern eine große Verantwortung. Sie aber unterrichte Kinder und bereite diese auf das Leben vor. Sie fragte mich, ob das wirklich so viel weniger wert sei. Meine zweite Tochter Ida sprach offen von »Schadensersatz« für ihre Kindheit. Sie als Kunsthistorikerin habe mit einem Maschinenbauingenieur als Vater wirklich Pech gehabt. Sie könne die Bedeutung ihres Papas in ihrem Leben kurz zusammenfassen: »Nie da, null Wertschätzung.« Am schlimmsten sei aber das permanente Gelaber von allen Seiten gewesen: wie gut sie es habe bei so einem tollen und erfolgreichen Papa.

Das Gespräch mit meiner dritten Tochter war auch nicht besser.

Als ich dachte, schlimmer könne es nun nicht mehr werden, kündigten die vier Kinder an, beim nächsten Gespräch auch ihre Partner mitbringen zu wollen.

Ich als Mutter bin versorgt, beim nächsten Gespräch würden wir dann zu neunt am Tisch sitzen – mit völlig unterschiedlichen Interessen. Was soll da schon rauskommen?

Letztlich ging es um die Fragen: Verbleibt die Firma bei Max, der in das Unternehmen eintritt? Und: Wird die Villa unter meinen Töchtern Lisa, Ida und Dorothea aufgeteilt? Wobei mir alle Kinder wenigstens zusagten, dass ich lebenslang in der Villa wohnen könne. Auch das hatte mein Mann Karl nicht geregelt.

Alternativ würde das gesamte Vermögen durch vier geteilt und meine Kinder Lisa, Ida und Dorothea könnten auf dauerhafte erhebliche Einnahmen aus ihren Gesellschaftsanteilen setzen. Wobei alle drei eine Mitarbeit ausschlossen. Die jährliche Zahlung sollte mindestens sechsstellig sein – pro Tochter. Außerdem solle Max das bitte so regeln, so die Vorstellung meiner Töchter, dass der Zahlungsfluss stetig und nicht etwaigen Schwankungen ausgesetzt sei. ›Lieber in guten Jahren nicht ganz so viel‹, dachten meine Töchter Lisa, Ida und Dorothea.

Im nächsten Gespräch platzte die Bombe: Mein Sohn Max teilte uns mit, dass er ab sofort für die Geschäftsführerposition nicht mehr zur Verfügung stehe. Er sei weder gewillt noch bereit, mit einer Lehrerin über sein Gehalt zu diskutieren.

Nun brauchte ich schnell jemanden, der als Geschäftsführer übergangsweise zumindest den laufenden Betrieb sicherstellte. Aus dem florierenden Betrieb mit starker Expansion wurde über Nacht ein Betrieb mit hoher Ertragskraft, aber ohne strategisch notwendige Entscheidungen, um diese Ertragskraft auch in Zukunft sicherzustellen.

Kurzfristig konnte ich den Cousin meines Mannes für die Aufgabe gewinnen. Aber mittelfristig? Der Cousin war bereits im Rentenalter und konnte im Moment die Aufgabe mehr schlecht als recht erfüllen. Letztlich verwaltete er das Unternehmen nur noch, auch weil die Wünsche und Vorstellungen der vier Kinder zu unterschiedlich waren.

Ein Zusammentreffen mit meinen vier Kindern zu einer gemeinsamen Tasse Kaffee ist undenkbar geworden. Bei Familienfeiern schließen meine Kinder ihre Teilnahme aus, wenn auch die Geschwister kommen. Selbst bei Konfirmationen oder Hochzeiten tritt der Streit nicht in den Hintergrund.

So stehe ich am Abend meines Lebens vor einem Trümmerhaufen. Alle vier Kinder haben die Auseinandersetzung delegiert und nun schreiben sich Rechtsanwälte gegenseitig sinnlose Briefe zulasten des Friedens in der Familie. Das Grab meines Mannes Karl besuche ich der Form halber an seinem Geburtstag und an seinem Todestag.

"WER BEKOMMT DAS ELTERNHAUS?"

DIE IMMOBILIE IN DER UNTERNEHMENSNACHFOLGE

Fallbeispiel 9

in selbstbestimmter Konfliktlösung

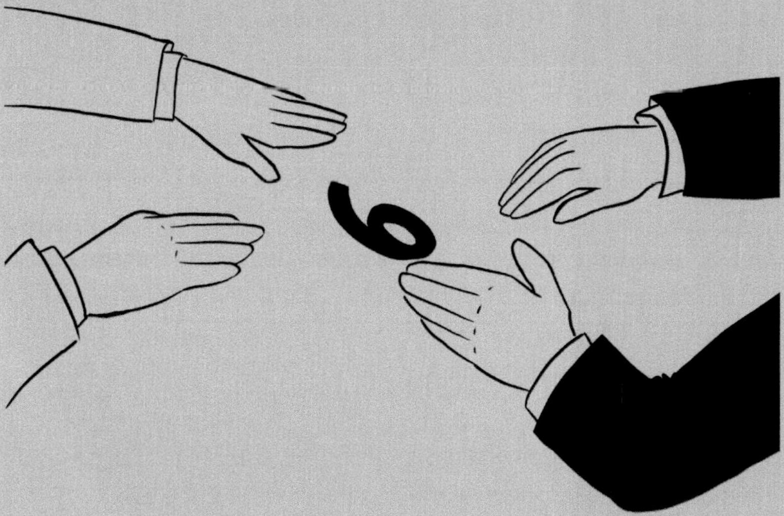

Fall 9

Ich, Bertha Becker, spürte, dass eine völlig neue Situation eingetreten war. Bisher hatten die Kinder im Zweifelsfall ihre Meinung zurückgehalten, um mit Karl keinen Streit zu bekommen, nun lagen die Unterschiedlichkeiten offen. Deshalb lud ich meine Kinder zu mir ein und bat darum, ohne Partner zu kommen.

Meine Familie sitzt um einen Tisch und hat sich extra anderthalb Stunden Zeit genommen, um die Zukunft des Unternehmens, aber auch die Auswirkungen auf die Familie zu besprechen. Offensichtlich haben mein Sohn und meine Töchter völlig unterschiedliche Sichtweisen und Interessen. Tatsächlich dauert das Gespräch länger und länger. Verbitterungen der letzten Jahrzehnte und Glücksmomente wechseln sich in dem Gespräch ab. Ich spüre schnell, dass sich die Situation eskalierend entwickeln könnte, deshalb schlage ich meiner Familie vor, sich von dem Mediator Dr. Gerhart Flothow begleiten zu lassen. Zu meinem Erstaunen, aber auch zu meiner Freude, sind alle damit einverstanden. Tatsächlich scheinen meine Kinder zu spüren, dass wir schnell überfordert sein könnten und dann dauerhafte Verhärtungen innerhalb der Familie die Folge wären. Der Mediator schlägt ein Treffen mit mir und meinen vier Kinder um 17 Uhr vor.

Ziel beim ersten Termin sei, alle offenen Themen zu benennen und die Interessen zunächst hintanzustellen. Deshalb bat uns der Mediator, unsere Themen auf Klebezettel zu schreiben und diese auf einem Flipchart zu positionieren.

Schnell spürten wir, dass uns das sehr schwerfiel, weil die Bewältigung der Aufgabe mit heftigen Emotionen verbunden war.

Der Mediator erkannte die Problematik und schlug vor, dass jeder die Themen für den nächst jüngeren in der Familie aufschreiben solle.

Meine jüngste Tochter Dorothea schrieb also meine Themen auf.

Erstaunlicherweise stellten wir gemeinsam fest, dass in den beiden Runden exakt die gleichen Themen aufgeschrieben worden waren. Alle waren sich einig, dass die Ertragskraft des Unternehmens dauerhaft gesichert werden sollte. Mein Sohn Max erklärte, dass er sich auch vorstellen könnte, seine Anteile zu verkaufen und ein eigenes Unternehmen zu gründen. Meine Töchter trauten ihren Ohren nicht. Mein Sohn Max stellte alles infrage und erklärte, dass er wahrscheinlich doch nur Folgendes hören würde: »Sind Sie der Sohn vom Karl?« Für ihn sei im Unternehmen kein Platz und »nur der Sohn« zu sein, entspreche nicht seinem Anspruch. Meine Töchter erklärten, dass sie meinen Sohn trotzdem in der Geschäftsführung sehen wollten. Jetzt galt es, eine Lösung zu finden, die dieser Situation Rechnung tragen würde.

Die emotional aufgeladene Situation wich einer Stimmung des gemeinsamen Aufbruchs. Ich zog mich zum Schlafen zurück und blickte gespannt auf den zweiten Tag des Workshops.

Beim Frühstück spürte ich endgültig ein zuvor so nie dagewesenes Klima. Es wurde gelacht und alle betonten, es gebe Trennendes, aber mehr Gemeinsames.

Ich sprach den Mediator an und fragte, was passiert sei. Er berichtete, dass er die Geschwister gebeten habe, sich gegenseitig zu sagen, was sie positiv an den jeweiligen anderen fänden. Tatsächlich fiel es den Geschwistern leicht, positiv und wertschätzend übereinander zu sprechen. Der Mediator erläuterte, in dem Moment, wo sich die Menschen akzeptiert und damit wertgeschätzt fühlten, ändere sich alles.

Am Ende bestand Konsens darüber, dass unser Haus nach meinem Ableben verkauft wird. Der Erlös fällt meinen Töchtern zu. Die Anteile meiner Familie an unserem Unternehmen erhält zu 100 % Max, der jeder Schwester eine typische stille Beteiligung von jeweils 15 % einräumt. Der Entscheidungsprozess wurde dadurch klar und angemessen geregelt. Selbst als mein Sohn Max sagte, dass in den nächsten fünf Jahren die notwendigen Investitionen nachgeholt werden müssen und damit Ausschüttungen nicht würden stattfinden können, nickten alle meine Kinder.

Heute sitze ich mit meinen Kindern und ihren Partnern am Tisch und wir haben Frieden miteinander. Das Grab meines Mannes Karl besuche ich regelmäßig und bin im Einklang mit meinem Leben.

DIE IMMOBILIE IN DER FAMILIENNACHFOLGE

Fallbeispiel 10

Die Immobilie in der Familiennachfolge: Die elterliche Eigentumswohnung

Ende 1944 Anfang 1945 kamen sie aus Litauen als Flüchtlinge in Westdeutschland an. - Parallelen zu der Entwicklung zwischen Russland und Ukraine sind in den Genen in den Köpfen und in der Angst dieser Generation tief verwurzelt.

Kein Hab und Gut, keine sozialen Kontakte in der neuen Heimat Deutschland, obwohl sie ebenfalls Deutsche waren.

Sie wurden hin und her gestoßen und siedelten sich schließlich in Süd-West Deutschland an.

Zwei junge Menschen lernten sich während des Studiums kennen, heirateten und schlugen beide eine akademische Laufbahn ein.

Später promovierte er in Chemie während sie aus ihrem Studium ausstieg, als der erste Sohn geboren wurde. Es folgten drei weitere Kinder.

Eigentumsbildung war nie im Blick der beiden. Das gab es einfach aus der Zeit in Ostpreußen und aus den Erfahrungen dort nicht: »Man hatte einfach Güter« Langsam, sehr langsam entwickelte sich die akademische Laufbahn des Vaters.

Die Eltern ermöglichten den Kindern eine Kindheit ohne das Gefühl, arm zu sein, ohne das Gefühl zu haben, bei Klassenreisen um Zuschüsse bitten zu müssen, ohne das Gefühl zu haben, dass das Holzhaus der angeheirateten Tante in Österreich eine schlechtere Sommerferien Unterkunft sei als irgendein großes Hotel. Die

Kinder wuchsen also in einer wohl behüteten Kindheit ohne Sorgen auf. Alle vier studierten nach und nach.

In den 70iger Jahren erfolgte ein Umzug nach Berlin, wo eine Villa günstig zu erwerben war. Sie entsprach nicht dem damaligen Bautrend »Bauhaus«.

Dieses Haus war das erste Investment der Eltern, ein Einfamilienhaus, in das sie einziehen wollten. Sie hatten vorher mit dem Mieter gesprochen, der zugesagt hatte auszuziehen. Nach dem Kauf des Hauses änderte der Mieter seine Meinung und weigerte sich das Haus zu räumen.

Eine Eigenbedarfskündigung umzusetzen, war für die Eltern mit ihrem Wertevorstellungen nicht vereinbar. Schließlich verkauften sie das Haus mit 50.000 € Verlust an den Mieter.

Später nach der Deutschen Einheit gab es die Möglichkeit, außerhalb Berlins in Potsdam eine Wohnung als Kapitalanlage zu erwerben.

Es stellt sich jedoch heraus, dass diese Wohnung Wasserschäden hatte, der Bauträger nicht vernünftig versichert war und auch hier wieder mehrere 10.000 € Verlust auftraten. Damit war das angesparte Eigenkapital verloren.

Als alle Kinder längst aus dem Haus waren, wurde den Eltern die damalige Mietwohnung zum Kauf angeboten. Diese ist bis heute der einzige wesentliche Vermögenswert der Familie.

Später einmal stellte sich die Frage, was denn passieren würde, wenn beide Elternteile entweder nicht mehr dort wohnen könnten oder sogar gestorben seien und wer denn diese Wohnung übernehmen würde.

Letztlich war klar, dass die vier Kinder die Wohnung nicht gemeinsam haben wollten.

Von vier Kindern ist nur im kaufmännischen Bereich tätig, die anderen drei sind in ganz unterschiedlichen Bereichen tätig.

Der Sohn mit der kaufmännischen Ausbildung sagte, dass er mit dieser Wohnung nichts zu tun haben möchte. Denn zu viert zu einer Lösung zu kommen, was mit der Wohnung geschehen soll, ob man die dann verkauft, ob man sie dann vermietet, ob man einen Neffen oder Nichten einziehen lässt, zu welcher Miete und so weiter. Damit wollte der kaufmännische geprägte Sohn nichts zu tun haben.

Und so einigten sie sich, dass eins seiner Geschwister als Eigentümer eingetragen wird und die anderen beiden ein Anrecht auf die entsprechenden Anteile haben.

Der kaufmännisch geprägte Sohn wollte ausgezahlt werden.

Das wäre die positive Variante gewesen, tätsächlich kam es anders.

Die Eltern, beide in keinster Art und Weise mit kaufmännischen oder gar unternehmerischen Erfahrungen ausgestattet, starben nacheinander und hatten ein Berliner Testament hinterlassen.

Beim Aufräumen stellte sich heraus, dass neben einem Depot von 100.000 € und der Eigentumswohnung keine materiellen Werte vorhanden waren.

Es gab viele Erinnerungen, Fotoalben – alles das, was wesentlich ist, aber materiell wenig und so ging die Diskussion los, was denn mit dieser Eigentumswohnung geschehen solle

Keiner der vier Kinder wollte die Wohnung übernehmen und seine Geschwister auszahlen.

Die Tochter hatte den Vorschlag, dass sie in die Eigentumswohnung einzieht, fragte sich aber wie sie aus ihrem Lehrergehalt eine marktgerechte Miete bezahlen solle.

Also sagten zwei der drei Brüder: »Naja, bezahl halt die Miete, die Du bezahlen kannst. Der dritte Bruder hatte jedoch ein geringeres Einkommen und insofern durchaus Interesse an einer marktgängigen Vermietung oder sogar an einem Verkauf der Wohnung.

So stand die Wohnung zwei Monate leer, sechs Monate, leer zwölf Monate leer. Die Nachbarn fragten sich schon, was denn da los sei.

Sie wurde einmal geschätzt, zweimal geschätzt und schließlich ein drittes Mal geschätzt, jeweils ohne Entscheidung zum Verkauf.

Irgendwann zog die Tochter ein. Nun ging der Streit um die marktgerechte Miete und weitere Themen erst recht los und anstatt zu enden findet der Fall und der Streit mittlerweile über Anwälte kein Ende mehr.

DIE IMMOBILIE IN DER FAMILIENNACHFOLGE

Fallbeispiel 10

in selbstbestimmter Konfliktlösung

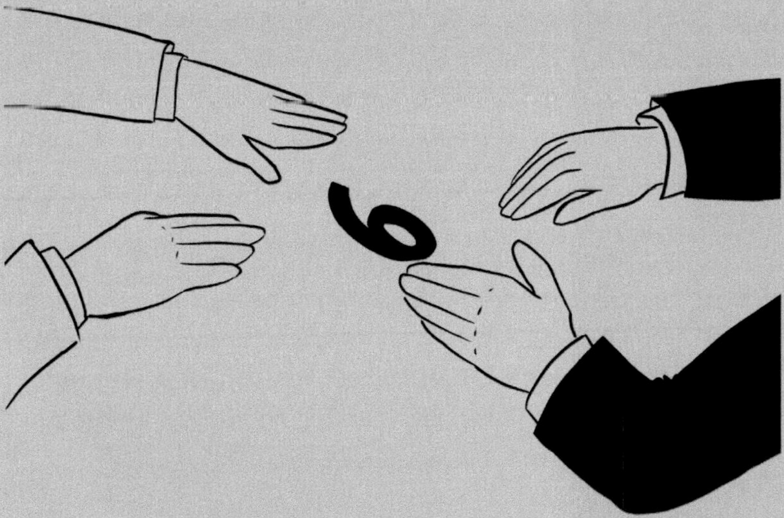

Die vier Geschwister hatten sich in ihren Familien und im Freundeskreis umgehört. Das Stimmungsbild verdüsterte sich, als jeder der vier berichtete, dass es in aller Regel nach dem Erben nur noch Streit gebe.

Fassungslos schauten sich die Geschwister an und dachten: ›Das machen wir besser. Es kann und darf nicht so weit kommen, dass wir uns durch das Erbe zerstreiten.‹

Die Schwester kannte einen Mediator und so kam es zu einem gemeinsamen Treffen. Der Mediator erklärte seine Rolle und lehnte das Mandat zur Überraschung aller ab. Ein Mediator darf nicht bekannt sein mit einer der Parteien. Entweder er kennt alle oder besser keine der Parteien.

Bald suchten sich die Geschwister einen gemeinsamen Mediator. Die Erben fragten nun, was denn das Problem sei und warum es beim Erben immer Streit gebe. Der Mediator erklärte, dass es letztlich immer ein und dasselbe Muster sei: Die Menschen würden sich vergleichen und dadurch sehen, was sie nicht haben und nicht, was sie haben. Wenn sich Parteien davon nicht innerlich lösen könnten, sei Streit sicher.

Ein weiterer Punkt sei, sich realistisch mit der Situation auseinanderzusetzen. Konstruktionen, die konfliktanfällig seien, sollten vermieden werden. Zu glauben, dass vier Geschwister mitsamt Partnern und ggf. Kindern über Jahrzehnte konstant einig sein werden über die Nutzung der Wohnung, über Renovierungen, Mieten usw., sei absurd.

Punkt Nummer drei komme auch immer wieder vor, nämlich in Form der Frage, ob jemand aus der Familie beim Kauf einer Wohnung oder wovon auch immer die ererbte Wohnung als Sicherheit einbringen möge. Solch eine Konstruktion, die zu viele Menschen über lange Zeit verbindet, in der Hoffnung, sie werden sich schon einigen, berge Streitpotenzial. Diese Konflikte verursachen regelmäßig Gerichts- und Rechtsanwaltskosten. So könne der Fall entstehen, dass einer der Erben die Wohnung veräußern will, während ein anderer Erbe eines der Enkelkinder des Erblasser oder eine Verwandte möglichst umsonst wohnen lassen möchte.

Und, so der Mediator weiter: »Wenn die Wohnung fremdvermietet wird, entscheiden faktisch acht Personen über den Mieter? Überlegen Sie einen kurzen Moment, was passiert, wenn der Mieter nicht zahlt. Sie können sicher sein, die Personen werden sich gegenseitig die Schuld zuweisen.

Bei allen Konflikten werden Punkte eine Rolle spielen, die mit dem eigentlichen Konflikt nichts zu tun haben. Häufig sind es bei Erben nicht aufgearbeitete Konflikte aus der Kindheit. Durch diese Konflikte kommt es oft zu weiteren Verletzungen.

Unterschätzt wird, welcher Zeitaufwand mit der Austragung dieser Konflikte verbunden ist.

Dramatisch wird es in einer solchen Gemeinschaft, wenn einer der Erben in eine Notsituation gerät und die Miterben seine Einschätzung der Notsituation nicht teilen oder nicht helfen können oder wollen.

Hinzu kommt, dass der subjektive Wert gemeinsamen Wohneigentums unterschiedlich bewertet wird, auch das führt zu Konflikten.

Der eine sagt: ›Das ist mein Zuhause gewesen‹, der andere sieht das Objekt emotionsloser.

Auch eine Konstellation, die auf den ersten Blick einfach und klar erscheint – eine Tochter kauft den drei Geschwistern die Wohnung ab –, führt oft zu Konflikten. Steigt der Wert der Wohnung in den nächsten Jahren überproportional, werden sich die Geschwister möglicherweise betrogen fühlen.«

Nachdem die Erben mit dem Mediator alle Varianten diskutiert haben, entscheiden sie sich, die Wohnung an einen Fremden zu verkaufen.

Bauernweisheiten [1]

Seit Jahren durchsuche ich Bücher nach
Weisheiten zum Thema Konflikte.

Es ist mir bislang nicht gelungen, eine zu finden,
die das Prozessieren empfiehlt.

**Prozesse, Karten und Wirtshaus
bringen den Bettelstock ins Haus.**

**Wer schnell arm werden will,
der prozessiere und baue viel.**

**Vergleichen und Ertragen
ist besser als Zanken und Klagen.**

---

1 *Aus dem Buch: »Alte Bauernweisheit« von Wolf-Dietmar und Ursula Unterweger*

Checkliste zur Abwägung, ob eine juristische Konfliktlösung für Ihren Konflikt geeignet ist

- ☐ *Ist der Anspruch wirklich unstrittig?*
- ☐ *Ist der Schuldner zahlungsfähig?*
- ☐ *Wird der Schuldner auch Ihre Gerichts- und Rechtanwaltskosten tragen müssen?*
- ☐ *Werden Ihre bisherigen Verletzungen durch das Rechtsverfahren gemildert?*
- ☐ *Wird es keine zusätzlichen Verletzungen durch das Rechtsverfahren geben?*
- ☐ *Wäre die Zeit eines Rechtsprozesses anderweitig sinnvoller investiert?*
- ☐ *Stellt der Konflikt für Sie einen existenziellen Konflikt dar? (Anmerkung des Autors: Wenn ja, buchen Sie bitte sofort einen SOS-Termin mit mir!)*
- ☐ *Waren Sie in der Vergangenheit in der Regel zufrieden mit dem Ergebnis juristischer Verfahren?*
- ☐ *Sind Sie heute noch traurig, weil Sie sich im Rahmen einer juristischen Auseinandersetzung zerstritten haben und seitdem das Zusammentreffen mit der Konfliktpartei meiden?*
- ☐ *Sind Ihre Bedürfnisse im juristischen Verfahren abbildbar oder handelt es sich um zwischenmenschliche Bedürfnisse, die vor Gericht gar nicht einklagbar sind?*
- ☐ *Werden Sie nach der juristischen Auseinandersetzung mit dem Konflikt abschließen können?*

Wenn Sie nur eine Frage mit »Nein« beantworten, sollten Sie mit Ihrem Partner oder einem Freund diese Checkliste und die Checkliste der Nebenwirkungen reflektierend diskutieren.

Hinweis des Autors:

90 % der Betroffenen von Konflikten beantworten mehr als drei Fragen mit »Nein«. Trotzdem beauftragen 90 % anschließend einen Rechtsanwalt. Einer der Hauptgründe liegt darin, dass alternative Konfliktlösungsansätze nicht vertraut sind.

Selbstbestimmt statt Fremdbestimmt in der Konfliktbearbeitung

Mediation – Was macht den Unterschied?

Im ersten Kapitel wurde dargelegt, welche Vielzahl an Konflikten in der Immobilienwirtschaft regelmäßig vorkommen. Wir haben gesehen, welche Notwendigkeit es für die Konfliktbearbeitung im Immobilienbereich gibt, weil Konflikte vorprogrammiert sind und immer wieder vorkommen werden.

Die Art, wie man mit den Konflikten umgeht, macht den Unterschied.

In Kapitel 2 haben wir die juristische Art und Weise, mit Konflikten umzugehen, kennengelernt und dann an Fallbeispielen gezeigt, dass diese oft ins Leere gehen. Denken Sie noch einmal an den Fall mit den Zwiebeln. Welcher Gutachter der Welt sollte beurteilen, ob die Zwiebeln wirklich eine unzumutbare Belästigung sind oder eine zumutbare? Ist zum Zeitpunkt des Besuchs des Gutachters der Gestank der Zwiebeln repräsentativ für die übrige Zeit? Wenn das Gutachten ergäbe, dass es keine Zumutung ist, wird die Vermieterin der Häuser vermutlich einwenden, dass der Zeitpunkt der Messung nicht repräsentativ gewesen sei. Wenn der Gutachter zum Ergebnis käme, dass die Zwiebeln zumutbar sind, wird möglicherweise der Nachbar darauf bestehen, dass der Zeitpunkt nicht repräsentativ gewesen sei.

Dieses Beispiel zeigt sehr deutlich, dass es in vielen, vielen Fällen sehr, sehr schwer ist und sehr, sehr lange dauern kann, zu einer Lösung zu kommen. Wichtig für jeden Konflikt ist, die richtige Konfliktlösungsmethode zu verwenden: Recht oder Interessensausgleich.

Im folgenden dritten Kapitel dieses Buches werde ich Ihnen eine andere Methode zur Konfliktbearbeitung vorstellen. Ich weise im Vorfeld ausdrücklich darauf hin, dass dieser Weg für Sie sehr überraschend sein kann. Dinge, die Sie ihr ganzes Leben geglaubt haben, könnten jetzt zur Diskussion stehen. Überlegen Sie sich gut, ob sie dazu bereit sind und sich darauf einlassen wollen.

»Wahrheit ist eine Tochter der Zeit« wusste man schon im alten Rom (lateinische Lebensweisheit). Also, was gestern wahr war, muss es heute nicht mehr sein.

In Konflikten mit subjektiven Anteilen gibt es keine objektive Wahrheit. Es gibt keine objektive Wahrnehmung der Wirklichkeit, es gibt nur subjektive Wahrnehmungen und Vorstellungen von Dingen.

Wir Menschen sind zu verschieden, um alles gleich wahrzunehmen. Unsere Lebensläufe und unsere Erfahrungen sind auch der Grund dafür, dass wir ein und dieselbe Sache völlig anders bewerten. Deshalb gibt es keine objektive Wahrheit. Es gibt für Menschen nur subjektive Wahrnehmungen und Vorstellungen.

Konfliktlösung auf Basis von Macht bedeutet nichts anderes, als dass der Stärkere dem Schwächeren seine Position aufzwingt.

Konfliktlösung auf Basis von Recht ersetzt Macht durch staatlichen Zwang basierend auf Normen, die die Gesellschaft für allgemein verbindlich erklärt hat.

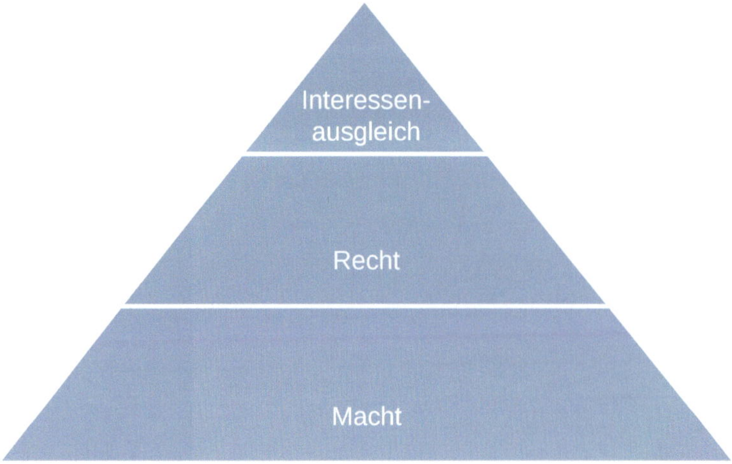

Konfliktlösung durch Mediation verzichtet bewusst auf Macht und auf Recht, sondern basiert auf Interessenausgleich.

Im juristischen Verfahren steht immer im Vordergrund, einen Anspruch gegen jemand anders geltend zu machen, immer ein Tun oder Lassen einzufordern. Völlig offen ist aber, ob damit den Bedürfnissen der Parteien Rechnung getragen wird. Gefühle sind die Kinder unserer Bedürfnisse.

Bei der Bearbeitung von Konflikten ist die Frage: fremdbestimmt oder selbstbestimmt? Fremdbestimmt heißt, dass jemand für Sie entscheidet. Letztlich räumen die Konfliktparteien selbst ein, dass jemand anders für sie entscheiden soll.

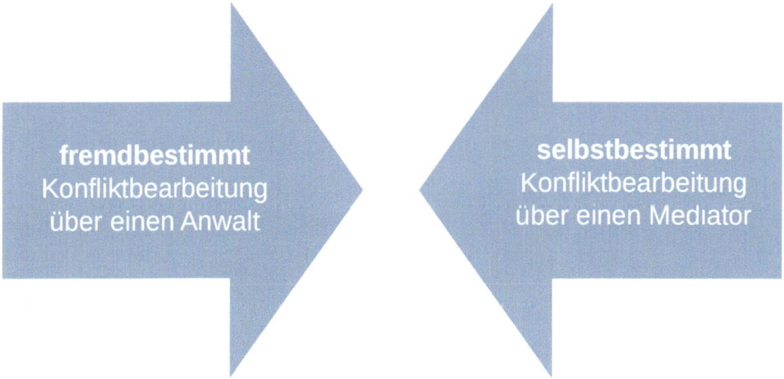

Fremdbestimmt heißt, sie fahren zum Supermarkt und nehmen sich einen Einkaufswagen und sagen, was sie haben wollen. Ein Mann, der hinter Ihnen steht, nimmt für Sie die entsprechende Ware aus dem Regal und legt sie in Ihren Einkaufswagen. Die fremdbestimmte Lösung bedeutet, dass Sie z. B. Kohlenhydrate sagen und an Nudeln denken und Ihnen jemand Reis in den Einkaufswagen legt. Wenn der Richter bei Kohlenhydraten an Reis denkt und nicht an Nudeln, haben Sie Reis im Einkaufswagen. Formal hat der Richter nichts falsch gemacht: Es sind Kohlenhydrate. Nur für Sie sind es die falschen. Eine einvernehmliche, eine Mediationslösung ist selbstbestimmt und nicht fremdbestimmt. Sie legen die Kohlenhydrate selbst in den Einkaufswagen.

Selbstbestimme Lösungen bieten die Chance, Ihre Wertvorstellungen und Ansichten in die Konfliktbearbeitung einzubringen. Im Mittelpunkt stehen die Konfliktparteien und ihre Bedürfnisse. Dies kann man sich vorstellen, wenn man an sein Elternhaus denkt oder an die Armbanduhr seines Opas. Wahrscheinlich werden Sie diesen Gegenständen einen anderen Wert beimessen als ein neutraler Sachverständiger.

Offen bleibt aber die Frage, ob Sie sich an dem vom Sachverständigen bestimmten Wert orientieren wollen oder ob für Sie Ihre Einschätzungen im Vordergrund stehen.

Die Lösung, die in diesem Kapitel präsentiert wird, hat nicht den Anspruch, die Lösung für alle Fälle dieser Art und damit allgemeinverbindliches Recht zu werden, sondern: Die Lösung soll den Interessen beider Konfliktparteien Rechnung tragen.

Dieser Punkt zeigt den Wesensunterschied zwischen Konfliktlösung auf Basis von Recht und auf Basis von Interessensausgleich.

Der Anwalt prüft den Sachverhalt der Vergangenheit – jedes Detail – und prüft, was er, auf welche Art und Weise, gegen die andere Konfliktpartei vortragen kann.

Der Mediator unterstützt die beiden Parteien dabei, eine Lösung zu finden, die für beide Parteien jeweils eine Perspektive für die Zukunft eröffnet.

Der Anwalt sucht jeden möglichen Fehler und zwar detailverliebt bis zum kleinsten Kieselstein. Da jeder Mensch bei einer Betrachtung bis zum kleinsten Kieselstein auch Fehler hat, eröffnet sich eine Spielwiese für gegenseitige Vorwürfe.

Der Mediator sucht die Lösung über die Gemeinsamkeiten. Die meisten Menschen haben Gemeinsamkeiten, weil Menschen, die keine Gemeinsamkeit haben, sich im Leben nicht so oft treffen.

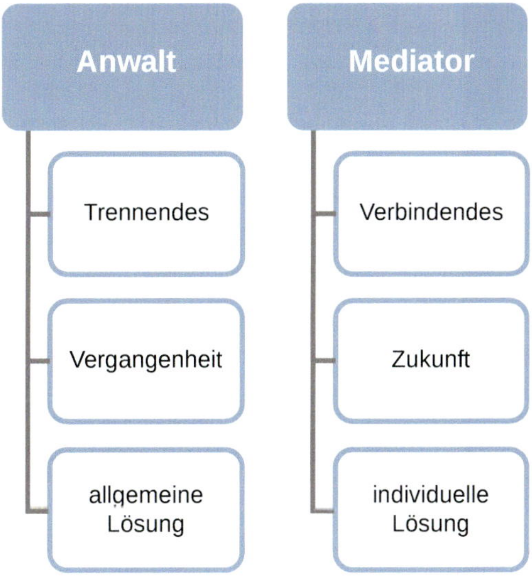

Die Ausnahme stellt hier der Verkehrsunfall dar. Hier treffen fremde Menschen aufeinander, die nachher Fremde bleiben.

Die meisten Konfliktparteien haben Gemeinsamkeiten: Das Ehepaar hat viele Jahre miteinander gelebt. Der Vermieter und Mieter in der Gastronomie haben das gemeinsame Interesse, dass die Gaststätte läuft, damit der Vermieter seine Miete bekommt und der Mieter seine Familie ernähren kann. Der Wert der Wohnung in einer Eigentümergemeinschaft hängt davon ob, wie gut sie instand gehalten wird.

Da in der Mediation der Interessensausgleich im Vordergrund steht, basiert die Lösung auch nicht auf Recht, sondern orientiert sich an den Interessen der Menschen. Damit stehen die Menschen im Vordergrund und der Einsatz eines Richters erübrigt sich, weil er durch den Mediator ersetzt wird, der das Verfahren der Mediation sicherstellt. Wie das genau funktioniert, erfahren Sie in Kapitel 3.1.2.

Juristische Methode	Mediation
Lösung basiert auf objektivierter Wahrheit	Lösung basiert auf subjektiver Wahrnehmung der Konfliktparteien
fremdbestimmt	selbstbestimmt
allgemeine Lösung für alle vergleichbaren Konflikte	individuelle Lösung für die beiden Konfliktparteien
vergangenheitsorientiert	zukunftsorientiert
Parteien finden Fehler im Handeln der jeweils anderen Konfliktpartei	Parteien stellen Gemeinsamkeiten in den Vordergrund
Recht im Mittelpunkt	Menschen im Mittelpunkt
Richter prüft Vorträge auf Rechtsnormen	Mediator übersetzt für die Parteien

Wenden wir diesen Ansatz nun auf die Frage an, ob ein Konflikt im juristischen Verfahren richtig aufgehoben ist. Siehe dafür die Checkliste in Kapitel 2.4.

Ist der Anspruch wirklich unstrittig? Oder ist er objektiv oder subjektiv unstrittig? Subjektive Ansprüche lassen sich in der Mediation – wie dargelegt – besser abbilden. Ist der Schuldner zahlungsfähig? Eine wichtige Frage; die Fehleinschätzung kann teuer sein. Sollte der Schuldner nur teilzahlungsfähig sein, geht der Gläubiger im Rechtsverfahren das Risiko ein, dass der Schuldner jede Zahlung verweigert, weil er die ganze Schuld nicht begleichen kann. Demgegenüber berücksichtigt eine Lösung auf Basis des Interessensausgleichs die tatsächliche Leistungsfähigkeit und stellt damit die möglichen Zahlungen sicher. Der Schuldner zahlt, was er kann, wenn er nicht gleichzeitig Insolvenz anmelden muss, weil er nicht alles zahlen kann.

Die zentrale Frage sollte vor jedem Rechtsverfahren sein: Warum zahlt die Gegenseite nicht, wenn der Anspruch objektiv unstrittig ist und die Gegenseite zahlungsfähig ist?

Betrachten wir weiter anhand der Checkliste aus Kapitel 2.4 die Unterschiede der Verfahren. Die Gerichtskosten entfallen vollständig. Die Höhe der anwaltlichen Vergütung ergibt sich entweder aus dem Rechtsanwaltsvergütungsgesetz (RVG) oder aus einer Vergütungsvereinbarung. Vergütungsvereinbarungen sind statt der Abrechnung der gesetzlichen Gebühren immer möglich. In gerichtlichen Verfahren können die gesetzlichen Gebühren jedoch nicht durch Vereinbarungen unterschritten werden. Die Vereinbarung einer höheren als der gesetzlichen Vergütung ist jederzeit möglich. Sollten beide Berufsgruppen auf Stundenbasis abrechnen, liegen bei Rechtsanwälten wie bei Mediatoren die Stundensätze zwischen 180 € und 300 € netto. In aller Regel ist der Zeitaufwand bei Rechtsverfahren sehr viel höher, weil vergangenheitsorientiert jeder Vorgang minutiös geprüft werden und die Frage geklärt werden muss, ob sich aus diesem Vorgang Ansprüche herleiten lassen. Bei einer Mediation entfallen die Gerichtskosten und in aller Regel sind die Kosten deutlich niedriger als für Rechtsanwälte. Dies gilt umso mehr, weil der Mediator allparteilich und für beide Seiten tätig ist.

Konflikte verletzen Menschen.
Oft wiegen die Verletzungen stärker
als der Konfliktgegenstand.

Das juristische Verfahren sucht jeden Ansatzpunkt für Ansprüche. Jeder, der das erlebt hat, weiß, was alleine das mit einem macht: zu wissen, dass jemand in feindlicher Absicht das Handeln scannt und minutiös nach Fehlern und damit nach Anspruchsgrundlagen durchsucht. In der Mediation werden Gemeinsamkeiten und Interessausgleich in den Vordergrund gestellt. Verletzungen entstehen durch das Verfahren nicht und üblicherweise werden bereits erfolgte Verletzungen reduziert. Die Shuttlemediation, also das Einzelgespräch mit den Konfliktparteien, führt zur Neutralisierung des Konfliktes. Das strikte Trennen von Themen und Interessen (siehe Kapitel 3.1.2) führt zur Entkopplung des Konfliktes und damit zur Deeskalation.

Auch das Thema Zeit unterscheidet das Rechtsverfahren grundsätzlich vom Mediationsverfahren. Rechtsverfahren treffen auf überlastete Gerichte und dauern einige Monate und oft Jahre. Bei einer Mediation brauchen Sie kein Gericht und sind deshalb zeitunabhängig. Oft gelingen Einigungen in wenigen Wochen oder Monaten. Lebenszeit für alle Beteiligten. Dies ist umso bedeutsamer, je mehr Lebenszeit bereits hinter einem liegt.

Sollten Sie in der Vergangenheit mit den Ergebnissen der Rechtsauseinandersetzungen nicht zufrieden gewesen sein, sollten Sie versuchen, den Grund dafür zu demaskieren. Sicherlich hilft ein Mediator auch, das Problem in den richtigen Kontext zu stellen. Als Betroffener verrennt man sich leicht in einem Thema. Manche Konflikte sind es einfach nicht wert, sich damit zu befassen. Die langfristigen Schäden sind unverhältnismäßig.

Sind Ihre Bedürfnisse im juristischen Verfahren abbildbar? Oder geht es um Bedürfnisse, z. B. nach Anerkennung? Solche Bedürfnisse sind in der Mediation abbildbar. Werden Sie nach der juristischen Auseinandersetzung mit dem Konflikt abschließen können? Diese Frage ist oft wichtiger als alles andere. Eine Konfliktlösung, die einen dauerhaft negativ beschäftigt, muss als Katastrophe gewertet werden. Dieser Punkt ist der Gamechanger. Konfliktbearbeitung auf Basis von Interessausgleich schafft nachhaltige Lösungen. Insgesamt reduziert sich die Liste der Nebenwirkungen aus Kapitel 2.1 letztlich auf die Kosten des Mediators.

Ablauf des Mediationsverfahrens

Nachdem ich den Unterschied zwischen dem juristischen und dem Mediationsverfahren erklärt habe, möchte ich einmal erläutern, wie so ein Mediationsverfahren abläuft. Die folgenden Schritte sind entscheidend für den Erfolg!

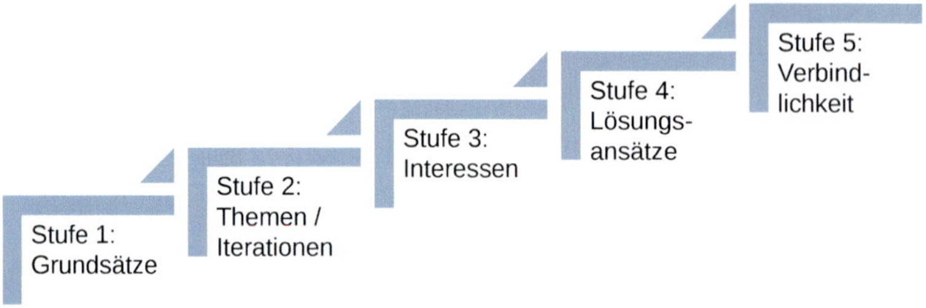

Je konsequenter die Stufen des Verfahrens getrennt werden, umso erfolgversprechender ist das Verfahren. Es macht keinen Sinn, wenn ein Teilnehmer in der ersten Phase der Klärung des Sachverhaltes nach Antworten fragt, Vorschläge macht und Lösungsansätze vorstellt. Diese werden in aller Regel nicht nachhaltig sein.

Der Vorgang der Mediation bedarf drei wichtiger Voraussetzungen. Erstens: Die Teilnehmer müssen bereit sein, eine Mediation zur Konfliktlösung ihres Themas anzunehmen. Es macht null – wirklich null – Sinn, Menschen mit Konflikten zu einer Mediation zu überreden. Parteien müssen sich zwingend innerlich auf den Weg gemacht haben und sich innerlich auf eine Mediation einlassen. Es gibt Mediatoren, die ohne angemessenen finanziellen Vorschuss beider Parteien nicht mit der Mediation beginnen.

Die Erfahrung sagt, dass Parteien, die nicht wirklich wollen, keinen Vorschuss leisten. Zu der Bereitschaft gehört auch, sich über eine Mediationsvereinbarung und das Honorar zu verständigen.

1. Voraussetzung für eine Mediation:

Bereitwilligkeit der Konfliktparteien für das Verfahren

Die zweite wichtige Voraussetzung ist, dass die Teilnehmer sich grundsätzlich auf andere Perspektiven einlassen können. Grundsätzlich gilt, dass dieser Punkt mit Punkt 1 stark positiv korreliert. In der Mediation gibt es zahlreiche Techniken, das zu unterstützen

.

2. Voraussetzung für eine Mediation:

Einlassen auf Perspektivenwechsel

Der dritte wichtige Punkt ist, den Teilnehmern ausreichend Zeit zu geben. Ein Konflikt, der über Jahre schwelt, braucht Zeit. Vielen Mediatoren fällt es schwer, nicht mit einer eigenen Lösung »einzugreifen«. Es ist notwendig, den Teilnehmern auch die Zeit zu lassen, neue Einsichten und neue Sichtweisen zu verarbeiten und sich darauf einzulassen.

Ausreichend Zeit für die Konfliktparteien

"DIE ZEIT HEILT ALLE WUNDEN"

Stufe 1 von 5 des Mediationsverfahrens

Grundsätze

Jede Mediation startet mit Stufe 1: »Vorstellung der Methode«. Auf dieser Stufe wird der Rahmen für das weitere Vorgehen geschaffen und gemeinsam vereinbart. Dieser Rahmen beinhaltet die Grundsätze der Mediation, die Erläuterung, was Mediation ist, die Erläuterung der Vorgehensweise und die gemeinsame Vereinbarung von Gesprächsregeln. Der Mediator ist nicht Anwalt einer Partei, sondern er agiert neutral, vertraulich, unabhängig und allparteilich. Die Währung des Mediators ist Vertrauen. Informationen der Konfliktparteien verbleiben beim Mediator.

Auf Stufe 1 kann eine Mediation direkt scheitern, wenn die Parteien kein Vertrauensverhältnis zum Mediator aufbauen können. Es geht darum, dass der Mediator Vertrauen zu den Parteien aufbaut und die Parteien umgekehrt zu dem Mediator. Für den Mediator besteht die besondere Herausforderung darin, sich völlig unabhängig von seiner persönlichen Sympathie oder Antipathie den Parteien gegenüber neutral zu positionieren und die notwendige Distanz zu wahren. Freundlich, höflich, aber distanziert und unparteiisch. Das ist nicht in allen Konflikten einfach. Steht der Neutralität etwas im Wege, sollte der Mediator das Mandat ablehnen.

Wichtig bei jedem Mediationsverfahren ist, dass die Rolle des Mediators auf Stufe 1 geklärt wird. Oft haben Konfliktparteien die Hoffnung und Erwartungshaltung, dass der Mediator sich selbst eine Lösung für den Konflikt ausdenkt. Sie denken, sie müssten sich nur zurücklehnen und dann, wenn Ihnen die Lösung, die der Mediator sich ausdenkt, gefällt, nicken.

Das Mediationsverfahren ist das genaue Gegenteil davon. Die Aufgabe des Mediators ist es, den Prozess zu begleiten und zu sichern, aber es ist nicht seine Aufgabe, Lösungen zu finden. Das kann er auch nicht, weil die Lösungen bei einer Mediation selbstbestimmte Lösungen der Konfliktparteien sind. Die Parteien müssen sich selbst auf den Weg machen und sich mit Lösungen auseinandersetzen. Der Mediator wird in einem Iterationsverfahren verschiedene Lösungen abfragen bzw. wird er es den Parteien durch offene Fragen ermöglichen, zu sagen, was sie wirklich wollen. Der Mediator unterstützt den Prozess, aber die Lösung selbst kann nur von den Konfliktparteien kommen.

Auf Stufe 2 der Mediation steht die »Erforschung des Sachverhaltes und die Frage: Was sind die für die Parteien wichtigen Themen?«

Stufe 2 von 5 des Mediationsverfahrens

Themen / Iterationen

Der Erfolg dieser Stufe für das Mediationsverfahren ergibt sich aus der Frage: Gelingt es dem Mediator, die Themen der Konfliktparteien wirklich vollständig zu ermitteln und die dahinterliegenden Treiber zu identifizieren? Letztlich stellt Mediation oft einen Prozess des mehrfachen Wiederholens, des Nachfragens und der Einholung von Bestätigungen zur Annäherung an eine Lösung oder ein bestimmtes Ziel dar (Iterationsverfahren).

Jede Partei stellt auf dieser Stufe den Sachverhalt aus ihrer Sicht dar. Sinnvollerweise sollten die Konfliktparteien zum Mediator und nicht zum Konfliktpartner sprechen. Dies wird durch Einzelgespräche automatisch erreicht. Die Lösung von Themen und Emotionen ist durch Einzelgespräche leichter zu realisieren. Ein Treiber für den Erfolg ist auch das Sicherstellen einer angenehmen, förderlichen und störungsfreien Umgebung. Der Mediator klärt mit den Parteien immer wieder, ob er den Sachverhalt vollständig verstanden hat.

Die einzelnen Themen sind zu neutralisieren und hinsichtlich ihres Einflusses auf den Konflikt zu sortieren. Bewährt hat es sich, mit einem Nebenthema zu beginnen, um die Methode vertraut zu machen, um dann im zweiten Schritt den Haupttreiber anzugehen. Es ist wenig hilfreich, den Haupttreiber erst an siebenter oder achter Stelle anzugehen. Die Parteien könnten dann glauben, dass schon alles klar wäre und der Konflikt eskaliert, weil eben der Hauptpunkt offen ist.

Ein bewährtes Format für diese Gespräch ist »Walk and Talk« im Wald. Ein Format, das im Laufe der Zeit sicher dazu führt, dass die Konfliktparteien sagen, was sie bewegt und noch wichtiger, warum. Der Erfolg der Mediation liegt in der Entkopplung von Themen und Interessen. Taucht ein Thema erst in Stufe 4 auf, wird die Entkopplung unmöglich und die Mediation scheitert.

Sollte eine oder sollten beide Konfliktparteien schweigen und kein Thema benennen, was üblicherweise eher selten ist, hilft folgender Trick, um im übertragenen Sinne das weiße Blatt auf dem Schreibtisch zu beschreiben. Der Mediator sagt zu der Partei: »Ich könnte mir vorstellen, dass dies oder jenes für dich sehr wichtig ist.« Sie können zuschauen, wie schnell die Partei Ihnen widerspricht und damit die Themen liefert.

Stufe 3 von 5 des Mediationsverfahrens

Interessen

Im Gegensatz zu einem Rechtsverfahren, bei dem die Gegensätze im Mittelpunkt stehen, basiert eine Lösung durch Mediation auf den Gemeinsamkeiten der Konfliktparteien.

Um diese zu verdeutlichen, hilft es, sich die Extremszenarien vor Augen zu führen. Der Mediator fragt die Parteien, in meiner Welt bei einem Einzelgespräch: »Was wäre für Sie die BATNA (Best Alternative to a Negotiated Agreement) und was wäre für Sie die WATNA (Worst Alternative to a Negotiated Agreement)?«

Diese Betrachtung führt sofort dazu, dass die Interessen der Parteien klar werden. Schafft der Mediator es nun, dass die Parteien den Konflikt aus der Sicht der jeweils anderen nachvollziehen können, lösen sich die Themen und Interessen von den Personen. Alles verändert sich, wenn die Parteien verinnerlichen, dass beide Parteien aus ihrer Sicht Recht haben. In aller Regel fangen die Parteien nun von sich aus an, auch den Interessen der anderen Partei Rechnung zu tragen.

"JEDER HAT AUS SEINER PERSPEKTIVE RECHT"

Stufe 4 von 5 des Mediationsverfahrens

Lösungsansätze

Die Parteien machen Vorschläge für Lösungen. Hier ist wichtig, alles, wirklich alles, zuzulassen. Die Ansätze sollen den Konfliktparteien zusagen. Die Meinung des Mediators ist nicht gefragt. Der Mediator sichert das Verfahren. In manchen Fällen haben kleinste Kleinigkeiten Konflikte gelöst. Sei es ein Brief an die Gegenseite, der Wertschätzung vermittelt.

Ein Beispiel für einen solchen Weg ist, dass die Parteien Päckchen packen, in der Annahme, dass anschließend ausgewürfelt wird, wer welches bekommt.

Die Parteien packen die Pakete gleichwertig aus ihrer jeweils subjektiven Sicht. Möchte jemand das Elternhaus unbedingt bekommen, legt er auf die anderen Stapel alles andere. Kaum sieht die zweite Partei dies, überlegt sie möglicherweise, ob das Paket ohne Haus objektiv das wertvollere ist.

In Phase 4 stehen Fragen nach Lösungsideen im Vordergrund. Dabei kann man sich an Lösungsansätzen anderer in gleichen oder vergleichbaren Situationen orientieren. Wichtig ist aber, die Parteien dabei zu unterstützen, die Lösungen für sich passend zu machen.

Stufe 5 von 5 des Mediationsverfahrens

Verbindlichkeit

Am Ende steht die Einigung der Parteien. Wichtig auf dieser Stufe sind zwei Punkte. Die Einigung muss verbindlich gemacht werden, damit die Parteien mit dem Konflikt abschließen können. Bleibt die Lösung im Raum und unbestimmt, fängt tendenziell jede Konfliktpartei noch einmal an, alles zu diskutieren.

Es ist für die Konfliktparteien wichtig, abzuschließen. Die Beendigung muss für die Parteien im Vordergrund stehen.

Dies setzt aber voraus, dass der zweite Punkt erfüllt ist, nämlich, dass alle Punkte der Vereinbarung eineindeutig geregelt sind.

Jede offene Flanke ist hier eine zu viel und kann Basis einer Eskalation werden.

Wichtig ist, genau durchzuspielen, was die Einigung für die einzelnen Konfliktparteien bedeutet. Der Mediator sollte das mit den Parteien reflektieren: »Was genau heißt das für Dich?« Die andere Partei sollte gefragt werden: »Ist es das, was Du verstanden hattest und wolltest?« Es muss überprüft werden, dass die Einigung eineindeutig ist.

Kommunikation als Treiber der Lösung oder der Eskalation

Ein Gastbeitrag von Christiane Säumel

Kommunikation ist ein wunderbares Mittel,
Konflikte zu lösen.
Oder zu eskalieren. [2]

- Über den Zusammenhang zwischen Mediation und Kommunikation.
- Über Ursache und Wirkung.
- Und darüber, wie wir Konflikten und Krisen vorbeugen können.

Gedanken zu einem der wichtigsten Themen überhaupt im zwischenmenschlichen Miteinander…

»Vertrauen ist der Anfang von allem.« So lautete einmal einer der einprägsamsten Werbeslogans. In dem Moment, in dem die Beteiligten in Konflikten das Vertrauen in sich selbst und ihr Gegenüber verloren haben, hat der Konflikt eine Stufe erreicht, die Hilfe von außen notwendig macht.

»Denn Konflikte sind nur lösbar, wenn Gefühl und Verstand in Einklang gebracht werden.« (Helmut Glaßl) Eines unserer Urgefühle ist Vertrauen – so, wie Kinder vertrauen, dass ihre Eltern immer für sie da sind. Werden die Grundregeln der Kommunikation verletzt, wird dieses Vertrauen zerstört.

Kommunikation ist per Definition ein Austausch oder eine Übertragung von Informationen. Es leitet sich aus dem lateinischen Wort communicatio ab und bedeutet übersetzt Mitteilung. Nur ein Bruchteil der Kommunikation sind Zahlen, Daten und Fakten. Achtzig Prozent der Kommunikation transportieren Emotionen, Glaubenssätze, Wünsche, Hoffnungen und vieles mehr. Ein Gespräch ist

2 *Thom Renzie*

also eine gegenseitige distanzierte Berührung. (Maria Freifrau von Ebner-Eschenbach)

Wenn die Kommunikation aber zum Schlagabtausch wird, dann ist der Konflikt allgegenwärtig. Ein Konflikt löst sich nicht von allein auf, sondern verstärkt sich. Das ist eine Gesetzmäßigkeit. Er eskaliert über mehrere Stufen und führt am Ende zu totaler Vernichtung. In unserer Welt sind das im schlimmsten Fall Kriege. Der Feind soll vernichtet werden, ungeachtet der Verluste in den eigenen Reihen. Das führt zu Verlierern auf beiden Seiten. Jeder Konflikt ist ein kleiner Krieg und es gilt behutsam darauf zu achten, dass es dazu gar nicht erst kommt. Einige Eskalationsstufen zuvor gibt es noch Chancen, zu einer einvernehmlichen Lösung zu kommen und wir wollen beleuchten, wie Kommunikation nicht nur eine Eskalation verhindern, sondern auch eine Deeskalation bewirken kann.

Zu einer erfolgreichen Übertragung von Informationen gehören immer mindestens zwei: ein Sender und ein Empfänger. Je nach den Interessen, die sie verfolgen und der Art und Weise, wie sie miteinander kommunizieren, ist es einfach nur miteinander sprechen, sich verlieben oder bekämpfen. Über solche Kämpfe ist in diesem Buch in vielen Beispielen die Rede. Gerhart Flothow freut sich, wenn er in Konflikten als Mediator helfen kann. Aber viel mehr freut er sich, wenn es Konfliktparteien gelingt, durch geeignete Mediation den Mediator überflüssig zu machen. Dafür gibt es eine Reihe von Erfolgsfaktoren für die Kommunikation.

Für sie braucht man Kopf und Herz und vor allem Vertrauen.

V	erbinden statt trennen
E	mpathisch sein statt egozentrisch
R	eagieren statt eskalieren
T	hematisieren statt ignorieren
R	espektieren statt bewerten
A	ktiv zuhören statt überhören
U	nter Wasser tauchen statt oberflächlich sein
E	motional sein statt gefühlskalt
N	achfragen statt antworten

Verbinden statt trennen

Wenn es mal schwierig wird, ist es wichtig, sich auf alles zu fokussieren, was verbindet. WEGs verbindet die Immobilie. Ehepaare in Scheidung verbindet die Vergangenheit und meistens ihre gemeinsamen Kinder. Bei der Unternehmensnachfolge sind es die Wurzeln, aus denen alles erwachsen ist. Egal, worum es in Konflikten geht, es gibt auch immer etwas Verbindendes. Die Gedanken an das Verbindende lösen positive Emotionen aus. Sie sind die beste Grundlage für eine erfolgreiche Kommunikation.

Empathisch sein statt egozentrisch

In der Kommunikation gehen wir in Interaktion mit anderen. Dafür brauchen wir Empathie – die Fähigkeit, die Welt mit den Augen des Gegenübers zu sehen. Was für den einen eine »6« ist, erscheint für das Gegenüber als eine »9«. Dieses Wissen hilft uns, den anderen besser zu verstehen.

Reagieren statt eskalieren

Der Eskalation von Konflikten können wir durch rechtzeitiges Reagieren entgegenwirken. Konfliktparteien senden Zeichen, die wir wachsam wahrnehmen dürfen: Körpersprache, Tonalität, Rückzug, Grüppchenbildung, offener oder verdeckter Widerstand. Frühzeitiges Eingreifen bricht die Eskalation und ein frühzeitiges Reagieren ermöglicht im besten Fall Gewinner auf beiden Seiten.

Thematisieren statt ignorieren

Kritische Sachverhalte zu thematisieren braucht Mut. Mut ist die Bereitschaft, angesichts zu erwartender Nachteile seine Angst zu überwinden und das zu tun, was man für richtig hält. Dieser Mut lohnt sich, denn was nicht frühzeitig thematisiert wird, kommt als Bumerang zurück.

Respektieren statt bewerten

Wir alle sehen die Welt nicht so, wie sie in Wirklichkeit ist. Wir sehen also kein Abbild, sondern bauen uns unser eigenes Konstrukt. Dieses Konstrukt ist geprägt von unserer unbewussten »Unterwasserwelt«, von dem, was wir erlebt und wie wir es für uns bewertet haben. Unser Gegenüber baut sich sein eigenes Konstrukt. Es entsteht ein Modell, das wir zu gleichen Vorgaben unabhängig voneinander völlig unterschiedlich bauen. Dieses Verständnis und der daraus resultierende Respekt für die Sicht des anderen ist eine der wichtigsten Grundlagen für erfolgreiche Kommunikation.

Aktiv zuhören statt überhören

Viele denken bei dem Wort Kommunikation an Sprechen. Noch viel wertvoller kann das Hören sein. »Das Ohr ist der Weg zum

Herzen.« (Madeline de Scudéry) Aktives Zuhören ist ein entscheidender Aspekt erfolgreicher Kommunikation – Zuhören, um zu verstehen und nicht um zu antworten! Dazu gehören aufrichtiges Interesse am Gegenüber, signalisiert über eine zugewandte Körperhaltung, das Nachfragen und Zusammenfassen, um abzusichern, dass man das Gehörte auch richtig verstanden und interpretiert hat.

Unter Wasser tauchen statt oberflächlich sein

Nach dem sogenannten Eisbergmodell werden 20 % bewusst und 80 % unbewusst gesteuert und kommuniziert. Nur der kleine Teil besteht aus Zahlen, Daten und Fakten sowie der Argumentation, die wir damit aufbauen. Der Kopf ist über Wasser, das Herz unter Wasser. Wir erinnern uns kaum an das Gesagte, vielmehr daran, wie es gesagt wurde. Wie waren die Tonalität, der Klang der Stimme und die Körperhaltung? Wenn wir unser Gegenüber wirklich verstehen wollen und wenn wir wollen, dass wir verstanden werden, dann tauchen wir tiefer ein.
Das gilt erst recht für Vertrauen. Vertrauen wird über Wasser lediglich angelegt, genährt wird es durch Tiefe.

Emotional sein statt gefühlskalt

Kälte steht für Aggression. Emotion steht für Wärme und die Sprache des Herzens oder auch für gewaltfreie Kommunikation. Sie lebt von der tiefen Überzeugung, dass Anklage die Wurzel für Konflikte ist. Wenn wir gewaltfrei kommunizieren, dann senden wir Ich-Botschaften. Damit laufen wir nicht Gefahr, dass wir bewerten oder anklagen. Wir beschreiben, was wir wahrnehmen und wie wir uns damit fühlen, welche Bedürfnisse erfüllt oder nicht erfüllt sind und was wir uns von unserem Gegenüber wünschen. Gewaltfreie Kommunikation schafft Nährboden für Lösungen.

Nachfragen, statt zu antworten und fragen, um zu verstehen. Es ist nicht nur ein wichtiger Teil des aktiven Zuhörens. Es ist noch viel mehr. Fragen öffnet Türen. Wir öffnen Türen und schauen, was sich dahinter befindet. Fragen eröffnen uns eine völlig neue Welt. Eine andere Metapher, die hervorragend zur eben angesprochenen Unterwasserwelt passt, ist die Vorstellung vom Perlentauchen. Fragen ist wie das Tauchen nach Perlen: Die schönsten Perlen liegen ganz unten, manchmal versteckt in einer Muschel, die im Sand vergraben liegt. Wenn wir sie gefunden haben, betören sie uns mit ihrer Schönheit und mit ihrem Glanz. Mit Fragen können wir Antworten hervorbringen, die sonst im Verborgenen geblieben wären.

Wir kommunizieren überwiegend intuitiv. In der Schule wird zwar Sprache gelehrt, aber dabei geht es eher darum, wie wir fehlerfrei schreiben und Texte aufbauen. Oder andersherum wird das Interpretieren von Texten gelehrt.

Was wir im Leben noch viel dringender benötigen, ist die Fähigkeit, mündlich angemessen zu kommunizieren. Diese Fähigkeit repräsentiert uns als Persönlichkeit nach außen und sie entscheidet über die Qualität unserer privaten und geschäftlichen Beziehungen. Es verwundert nicht, dass die meisten Konflikte in Unternehmen ihren Ursprung in mangelnder oder fehlerhafter Kommunikation haben.

Defizite in der Kommunikation deutlich zu machen, dient lediglich der Reflexion. Zusammenfassend geht es darum, zu vermitteln, was eine erfolgreiche Kommunikation alles bewirken kann. Das habe ich mir in meinen Trainings und Coachings mit Führungskräften und solchen, die es werden wollen, zur Aufgabe gemacht.

Das Modell der logischen Ebenen angewandt in der Immobilienwirtschaft als Ansatz zur Lösung von Konflikten

Dilts-Pyramide

Das Verhalten von Konfliktparteien wird auch durch die Treiber der Menschen bestimmt, also durch die Frage: Warum macht jemand etwas? Wegen des Strebens nach Freiheit, Sicherheit, Anerkennung, Macht, Harmonie, Intensität, Integrität, Neugier, Fürsorge etc. (siehe auch Kapitel »Konfliktfelder in der Immobilienwirtschaft«).

Zwei Personen, die einen Konflikt haben, unterscheiden sich oft durch ihre Wertvorstelllungen. Bei einer juristischen Konfliktbearbeitung werden diese Unterschiede nicht demaskiert. Wenn ein Mediator z. B. im Format »Walk&Talk« diese unterschiedlichen Wertvorstellungen mit den Parteien herausarbeitet bedeutet das nicht, dass Wertvorstellungen verändert werden aber, dass die Parteien ihr Gegenüber besser verstehen können.

Die Demaskierung führt nicht dazu, dass man kurzfristig eine Übereinstimmung von Glaubensätzen oder Identitäten von Konfliktparteien herstellen kann. Die Veränderung von Glaubenssätzen dauert viele Jahre. Oft reicht es, wenn die Konfliktparteien sich darüber bewusst werden, dass das unterschiedliche »Warum« Ursache von Konflikten sein kann und dies nichts mit der eigenen Person zu tun haben muss.

Dadurch gelingt es, Verständnis für das Gegenüber zu entwickeln, sowie das Thema und die betroffenen Personen zu entkoppeln. Das ist einer der Wendepunkt!

An folgendem Beispiel lässt sich das verdeutlichen. Zwei Eigentümer einer WEG diskutieren über den Zustand der Rasenfläche der Gemeinschaft.

Einig sind sich die Parteien darüber, dass es mit dem Rasen so nicht weitergeht und dass die Gemeinschaft einen schönen, wertvollen Rasen braucht.

Bei der Versammlung der Eigentümergemeinschaft schlägt Partei A nun eine Neuanlage eines englischen Rasens vor, während Partei B eine Neuanlage im Sinne einer Wildbienenoase vorschlägt, beide Parteien geraten aneinander und schreien: »Wir waren uns doch einig, dass es mit dem Rasen so nicht weitergeht!«

Bei diesem Konflikt zeigen sich unterschiedliche »Wertvorstellungen« von Person A und B bezüglich eines schönen Rasens.

Das »Warum?« blieb hinter der Aussage blieb: »Wir brauchen einen neuen Rasen!« verdeckt, so dass keiner die Perspektive des anderen erkennen konnte.

Dies wird in folgender Tabelle schematisch dargestellt.

Konflikt zwischen zwei Personen

		Person A <–> Person B
	Zugehörigkeit	
	Identität	
Warum	Motivation Werte Glaubenssätze	*Ungleich*
Wie	Fähigkeiten	*Ungleich*
Was	Verhalten	*Konflikt*
Was	Umwelt	

Erkennbar ist, dass bei 2 Parteien schon 6 Punkte zu Unterschiedlichkeiten führen können. Stellt man sich das wie nachfolgend dargestellt mit 3 Personen vor sind es schon 9 Punkte. Bei einer Eigentümergemeinschaft mit 200 Eigentümern scheint ein Konsens vor diesem Hintergrund quasi unmöglich.

In einer Konfliktauseinandersetzung, die Trennendes in den Vordergrund stellt, kommt es daher oft zum Dauerkonflikt, die Chancen der Mediation liegen hier darin dass die Gemeinsamkeiten in der Vordergrund gestellt werden und Parteien dazu neigen sich und ihre Sichtweise zurückzunehmen.

Konflikt zwischen drei Personen

		Person A <–> Person B	Person B <–> Person C	Person A <–> Person C
	Zugehörigkeit			
	Identität			
Warum	Motivation Werte Glaubenssätze	*Ungleich*	*Ungleich*	*Ungleich*
Wie	Fähigkeiten	*Ungleich*	*Ungleich*	*Ungleich*
Was	Verhalten	*Konflikt*	*Konflikt*	*Konflikt*
Was	Umwelt			

Das Modell der Bewusstseinslevel angewandt in der Immobilienwirtschaft als Ansatz zur Lösung von Konflikten

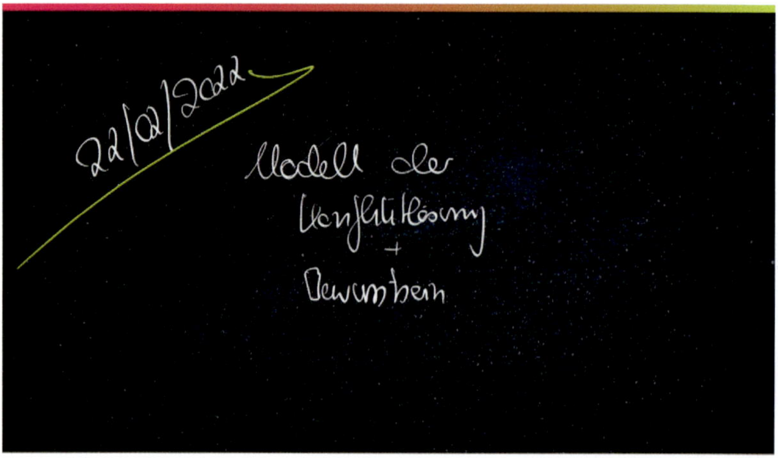

Nach Rolf Lutterbeck lassen sich die Bewusstseinslevel von Menschen in verschiedene Farben einteilen: der niedrigste ist beige, dann folgen purpur, rot, blau, orange, grün, gelb und türkis.

Die beiden ersten und die beiden letzten sind selten. Ich beschränke mich auf rot, blau, orange und grün. Personen mit rotem Bewusstseinslevel lösen Konflikte über Macht. Die Konfliktbewältigung erfolgt aus Sicht des Stärkeren selbstbestimmt.

Personen mit Bewusstseinslevel blau und orange orientieren sich am Recht. Sie ordnen sich einem Rechtssystem unter. Ab dem Level grün wird Macht und Recht durch Interessenausgleich ersetzt.

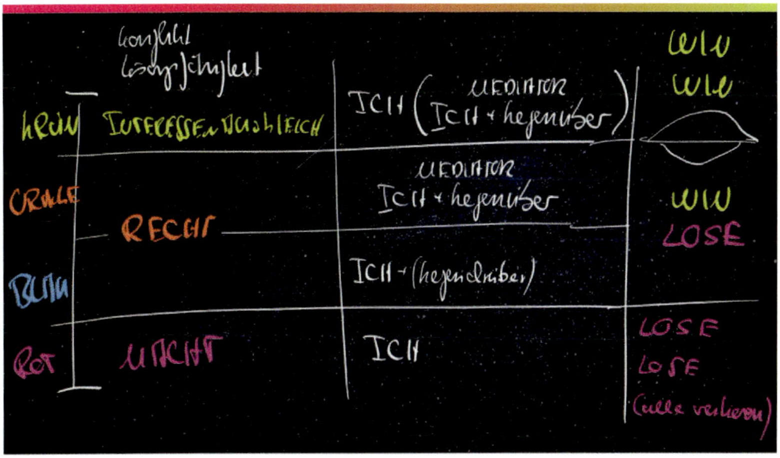

Parallel zu der Perspektive, ob ich Konflikte über Macht (rot), Recht (blau, orange) oder Interessenausgleich (grün) löse, entwickelt sich ein Bewusstsein, Konflikte nicht nur aus der eigenen Perspektive zu sehen (rot), sondern auch aus der Sicht des Dritten (blau). Im nächsten Level (orange) besteht die Fähigkeit, den Konflikt aus eigener Sicht, der Sicht des Dritten und des Gegenübers zu sehen. Ab Level grün kann man zusätzlich von außen, als Vierter, auf den Konflikt sehen.

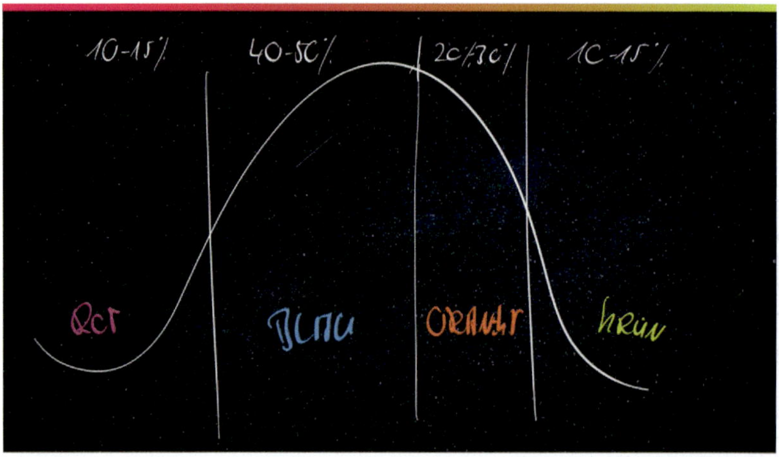

Verteilt auf die Beteiligten von Konflikten in der Immobilienwirtschaft sehen die Anteile etwa so aus.

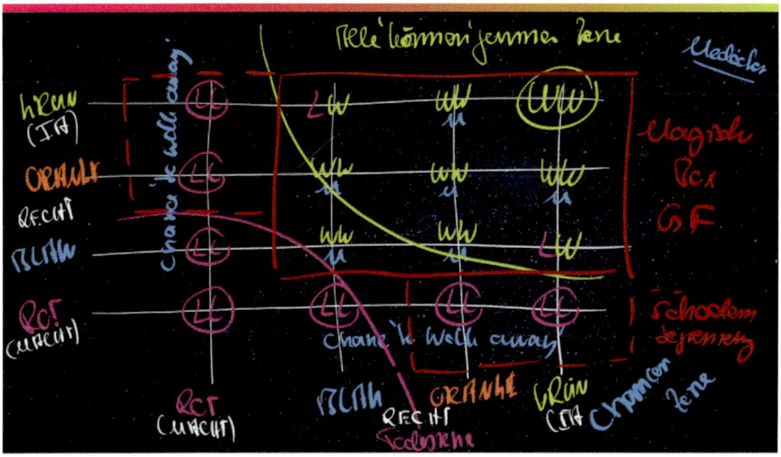

Mit Zunahme des Bewusstseinslevels steigt die Lösungsfähigkeit im Sinne von Interessensausgleich der Parteien. Die Lösung eines Konfliktes in selbstbestimmtem Ansatz ist mit zwei Konfliktparteien im Bewusstseinslevel grün und aufwärts leichter als im Bewusstseinslevel rot.

Das Flothow-Konzept

F	Frieden
L	Leichtigkeit
O	Optimismus
T	Toleranz
H	Harmonie
O	Offenheit
W	Wertschätzung

Frieden

Eine Lösung eines Konfliktes kann auf Basis von Macht, durch Recht oder Interessenausgleich erfolgen.
Person A bekommt von B 100 € und die Auflage, Person C finanziell so zu beteiligen, dass Person C zustimmt. Es gibt nur einen Versuch. Bei einer Lösung über Macht verlangt A 100 € und fragt B, warum er C beteiligen solle. Er habe doch die Macht. C wird der Lösung wohl nicht zustimmen. Bei einer Lösung über Recht wird Person A Person B fragen, welchen Anspruch C habe. B wird sagen, C habe Anspruch, beteiligt zu werden. A bietet C 0,01 € an, weil damit der Anspruch auf Beteiligung erfüllt ist. C wird der Lösung wohl nicht zustimmen. Bei einer Lösung über Interessenausgleich wird Person A überlegen, welche Interessen Partei C haben könnte. Sollte C starker Raucher sein und aufgrund seiner Sucht dringend eine Packung Zigaretten haben wollen, reichen vielleicht schon 10 € (und damit 90 € für Person A), damit Partei C die Lösung mitträgt. Die Lösung – 10 € für den starken Raucher – wird nicht nachhaltig stabil sein. Stabil sind Lösungen dann, wenn man sich in alle Parteien hineinversetzten kann und dann selbst in jeder Position zufrieden wäre. Üblicherweise muss die eine Konfliktpartei der anderen zwischen 40 und 60 € anbieten.

Leichtigkeit

Leichtigkeit und juristische Konfliktbewältigung passen allein aufgrund der Nebenwirkungen nicht zusammen. Diese nehmen mit dem Betroffenheitsgrad zu. Entscheidend ist hier die subjektive Empfindung der Konfliktparteien. Je betroffener man bei einem Konflikt ist, umso schlimmer sind die Nebenwirkungen. Vergangenheitsorientiertes Denken maximiert die Schmerzen. Der Mensch lebt im Hier und Jetzt. Das menschliche Grundmuster ist Angriff, Verstecken und Weglaufen. Vergangenheitsorientierung hilft beim Kampf ums Überleben selten.

Optimismus

Mediation funktioniert, wenn beide Parteien lösungswillig sind. Das Vorhaben, Parteien zur Mediation zu überreden, ist zum Scheitern verurteilt. Wenn Parteien sich von der Konfrontation gelöst haben und über einen Interessenausgleich nachdenken, ändert sich alles. Optimismus des Mediators hilft den Parteien, über die Brücke zu gehen. Parteien, die sich nicht bei einem flüchtigen Verkehrsunfall kennengelernt haben, haben immer Gründe, warum sie miteinander handeln und damit immer auch gemeinsame Interessen. Gemeinsame Interessen sind die Brücke zu einer selbstbestimmten Konfliktlösung.

Toleranz

Toleranz bei Mediationen unverzichtbar. Wenn Parteien ausschließlich ihren eigenen »Lebensentwurf« gelten lassen können, ist Mediation unmöglich.

F L O T H O W

Harmonie

Harmonie bewirkt die Konfliktbearbeitung mit Interessensausgleich – im Gegensatz zur Unterdrückung von Konflikten und zur Konfliktlösung mittels Macht oder Recht.

Ordnung

Viele Menschen können besser leben, wenn die Dinge in Ordnung sind. Bei einem schwelenden Rechtsverfahren sind die Dinge alles andere als in Ordnung. Juristische Konflikte, die sich über Jahre hinziehen, sorgen für Unordnung und verunsichern die Beteiligten – zumal 90 % der Konflikte andere Ursachen haben, als die tatsächlich vorgetragenen. Das Modell der logischen Ebenen unter 4.1 zeigt deutlich, dass ohne ein tieferes Einsteigen diese Konflikte nicht lösbar sind. Wenn Menschen das Gleiche sagen, aber nicht das Gleiche meinen, ist der Konflikt vorprogrammiert. Mein Format Walk and Talk führt zwangsläufig zum Erzählen und kann entlarven, warum sie etwas wollen. Ein Beispiel: Zwei Eigentümer von Wohnungen eine WEG mit sechs Einheiten schauen gemeinsam auf den Rasen des Vorgartens der Wohnanlage. Auf den ersten Blick scheinen sie sich einig, dass der Rasen ungepflegt ist. Person A kommt aus einem Elternhaus mit englischem Rasen im Vorgarten. Person B ist auf einem Öko-Bauernhof aufgewachsen. Sie sagen das Gleiche und denken an etwas völlig Unterschiedliches.

F L O T H O W

F

L

O

T

H

O

W

Wertschätzung

Fast allen Menschen fällt es leichter sich mit anderen Menschen zu verständigen, wenn Sie sich wertgeschätzt fühlen. Eine der häufigsten Konfliktursachen liegt darin, dass der Konflikt subjektiv mit einer Infragestellung der eigenen Person verbunden wird. Dies ist auch die Ursache für die Emotionen bei Konflikten. Von außen betrachtet, erkennt man sofort, dass der Konfliktgegenstand in keinem Verhältnis zur Eskalation steht.

Offensichtlich geht in Wahrheit um mehr als um den Konfliktgegenstand, nämlich darum, dass die Personen sich in Frage gestellt fühlen.

Der Mediator verschafft über den Rahmen der Mediation die Basis für gegenseitige Wertschätzung. Dadurch verlassen die Konfliktparteien ihre Abwehrhaltung und kommen in den gemeinsamen Dialog.

Wertschätzung ist der »Zaubertrank«
der selbstbestimmten Mediation!

"NACHBAR-IDEAL"

Epilog

Bei Konflikten geht es vermeintlich um die beiden Konfliktparteien.

In Wahrheit geht es um zwei Parteien und um ihr Umfeld. Zeigen Sie allen Beteiligten Ihre Wertschätzung, lösen Sie Ihren Konflikt selbstbestimmt und vermeiden Sie damit, dass ihr Umfeld passiv ebenso zur Konfliktpartei wird.

Mediation ist eine Chance für WIN-WIN-WIN.
Ihr Umfeld, die Konfliktpartner und Sie werden als Gewinner hervorgehen.

Mediation ist die Königsdisziplin der Konfliktbearbeitung. Ich lade Sie zur selbstbestimmten Mediation anstelle der schmerzhaften Konfrontation ein!

Buch-Empfehlungen

Glasl, Friedrich: Konfliktmanagement: Ein Handbuch für Führung, Beratung und Mediation. 12.Auflage. Verlag Freies Geistesleben. Bern. 2020

Ponschab, Dr. Reiner / Schweitzer, Adrian: Kooperation statt Konfrontation. Verhandeln in der Anwaltspraxis. 2.Auflage. Köln. Dr. Otto Schmidt Verlag. 2010

Master Han Shan: Wer loslässt, hat zwei Hände frei: Mein Weg vom Manager 3.Auflage. München. Bastei-Lübbe. 2011

MARTIN VON HIRSCHHAUSEN

Verfasser des Vorwortes

Martin von Hirschhausen ist der Überzeugung, dass finanzielle Werte primär aus unternehmerischen Werten und Überzeugungen entstehen. Zunächst wird ein Mehrwert bei einem Kunden geschaffen, dann führt das zu einem Mehrwert für das Unternehmen. Dieser wird leider häufig in der Unternehmensnachfolge durch Konflikte aufs Spiel gesetzt.

Seit 40 Jahren ist er in der Bank- und Finanzbranche beheimatet; dabei war er für Firmenkunden vom Start-up bis zum Konzern, für Privatkunden vom Lohnempfänger bis zum Milliardär, im Investment Banking und Wealth Management, im In- und Ausland bei einer Großbank, Privatbanken und einem Family Office aktiv. Die Martin von Hirschhausen AG, die er 2018 gründete, begleitet Familienunternehmer in der Entwicklung ihres Unternehmens- und Privatvermögens. Er ist in diversen Beiräten und Anlageausschüssen sowie in gemeinnützigen Organisationen im Bildungs-, Kultur- und Sportbereich tätig.

Martin von Hirschhausen hat drei Kinder und lebt wieder in Berlin.

BIRGER EHRENBERG

Interviewgast

Birger Ehrenberg ist geschäftsführender Gesellschafter der ENA-Experts GmbH & Co. KG Real Estate Valuation.

Schwerpunkt seiner Tätigkeit ist die Bewertung von Immobilien für Kapitalverwaltungsgesellschaften. Daneben verfügt er über Spezialwissen für die Bewertung von Betreiberimmobilien, beispielsweise Hotels.

Qualifikationen:

- von der IHK für Rheinhessen öffentlich bestellter und vereidigter Sachverständiger für die Bewertung von bebauten und unbebauten Grundstücken
- FRISC (Fellow of the Royal Institution of Chartered Surveyors)

CHRISTIANE SÄUMEL

Autorin des Gastbeitrags
Kommunikation als Treiber der Lösung
oder der Eskalation

Christiane Säumel ist Kompetenz, Herz und Empathie in einer Person. Ihr aufmerksamer Blick richtet sich auf die Menschen in ihrem Umfeld. Sie schaut tief hinter die Kulissen und spürt den »Schmerz«, der durch innere und äußere Konflikte entsteht. Mit hoher Sensibilität und echtem Interesse an ihrem Gegenüber begleitet sie Menschen, die sich ihr anvertrauen, – sorgsam und zugleich fordernd – auf einer intensiven Transformationsreise zu neuer Klarheit und persönlichem Wachstum.

Seit 2020 begleitet sie Führungskräfte und Unternehmen, deren Führung an Wirkung verloren hat. Mit ihnen gemeinsam durchläuft sie einen werteorientierten Prozess zu neuer Leidenschaft und damit ungeahnter Wirksamkeit.

Ihr Fundament besteht aus über 20 Jahren Erfahrung in der Führung von unterschiedlichen Teams. Mehr als 25 Jahre hat sie mit Bildung in allen Facetten zu tun. Sie ist zertifizierter Systemischer Business Coach, Projektmanagerin und masterakkreditierte INSIGHTS MDI®-Beraterin.

JANNA DÖSCHER

Karikaturistin

Janna Döscher ist Abiturientin in der 13. Klasse.

Ihr Wunsch ist es, einmal Ärztin zu werden.

Außerdem schlummert noch ein völlig anderes Talent in ihr: Mit ihren wundervollen Karikaturen hat sie diesem Fachbuch eine völlig ungewöhnliche und erfrischende Note verliehen.

Janna wohnt mit ihrer Familie in Mainz.

Weiteres Werk vom Autor Dr. Gerhart Flothow

Die Zukunft der Industrie- und Handelskammern: Eine ökonomische Analyse

Die Industrie- und Handelskammern in Deutschland nehmen eine Vielzahl von Aufgaben wahr. Die Aufgaben umfassen dabei das Spektrum von prototypischen Kollektivgütern über Clubkollektivgüter bis an die Grenze der Individualgüter. Die Gewerbetreibenden sind per Gesetz Pflichtmitglieder in den Industrie- und Handelskammern. Der Anlass der Untersuchung ist die seit den 90er Jahren deutlich verstärkte Diskussion über die Notwendigkeit und Vorteilhaftigkeit der Industrie- und Handelskammern und insbesondere über die Pflichtmitgliedschaft. In der Analyse werden die Industrie- und Handelskammern sowohl hinsichtlich ihrer Aufgaben als auch der historischen Entwicklung dargestellt. Anschließend wird untersucht, ob die Konstruktion der Industrie- und Handelskammer mit Pflichtmitgliedschaft ökonomisch sinnvoll ist. Ansatzpunkt für die Untersuchung ist das Idee der Institutionenökonomie.

Die Frage, ob es vorteilhaft ist, dass die Industrie- und Handelskammern die Aufgaben wahrnehmen, wurde mittels eines dazu abgeleiteten »Referenzrahmens für staatliches Eingreifen in den Markt« untersucht. Dieser fordert beispielsweise, dass die staatliche Aktivität dazu beitragen muss, in höherem Maß gesellschaftliche Transaktionskosten zu senken, als sie selbst zu verursachen. Weitere Anforderungen sind u. a. die Sicherstellung von Informationen über die Qualität von Gütern, die Vermeidung von Marktversagen durch fehlende Rivalität im Konsum bzw. durch die im Privatrecht fehlende Ausschließbarkeit von Nutzern sowie die Gewährleistung eines bestimmten Verfahrens (Verfahrenspräferenz) über den Staat bei Gefahren für Leben, Freiheit und Menschenwürde.

Danksagung

Für dieses Buch habe ich sehr viele Gespräche geführt, die mir immer wieder wertvolle Impulse gegeben haben. Ohne diese Unterstützung gäbe es dieses Buch so nicht. Ich bin sehr dankbar, dass ich von diesen wunderbaren Menschen auf dem Weg zu diesem Buch begleitet wurde und sie Freunde nennen darf:

Caren Baghai
Daniela Becker
Kerstin Bub
Janna Döscher
Birger Ehrenberg
Stefan Flothow
Wolfgang Flothow
Kerstin Harney
Martin von Hirschhausen
Birgit Koerting
Torsten Koerting
Andreas Pusch
Michael Reiß
Christiane Säumel
Markus Wöll
Pia Wöll
Olaf Alexander Wobst

Vor allem danke ich meiner wunderbaren Familie – meiner Frau Carina Lotz und meiner Tochter Sophie Elisabeth Flothow – für ihre Geduld mit mir.

DR. GERHART FLOTHOW

Gerhart Flothow, geboren am 13. August 1968 in Hamm/Westfalen, ist Mediator mit dem Schwerpunkt Konflikte in der Immobilienwirtschaft. Seine Ausbildung schloss er nach dem Studium der Betriebswirtschaftslehre mit einer berufsbegleitenden Promotion zum Dr. rer. pol. an der Johannes-Gutenberg-Universität Mainz ab. Er verfügt über 30 Jahre Immobilienerfahrung und kennt dessen Konfliktpotential aus allen Perspektiven: als Mieter, als Eigentümer, als Beirat, als Verwalter von Gemeinschaften mit bis zu 400 Eigentümern, als Kapitalanleger, als Vermieter von Gewerberaum und als Vermieter von Wohnungen. Als Lehrbeauftragter für Business Planning gibt er sein Wissen weiter und bringt sich ehrenamtlich in Kommune, Politik und Verbänden ein.

Dr. Gerhart Flothow ist verheiratet, Vater einer Tochter und lebt mit seiner Familie in Mainz.

Rückmeldungen seiner Kunden:

»Ich hatte ein gutes Gespräch mit dem Nachbarn. Er konnte es nicht glauben, dass ich ihm etwas Gutes tun will. Wir haben uns eine halbe Stunde am Gartenzaun unterhalten – echt krass. Das hätte ich nicht für möglich gehalten! … Ich bin sehr gespannt und Ihnen für den richtigen Impuls sehr dankbar!!!«

»Ich würde mich freuen, weiterhin mit Ihnen so konstruktiv und empathisch arbeiten zu können. Ich danke Ihnen so sehr für Ihre Hilfe!«

»Nach unserem ersten Gespräch wusste ich: Alles wird gut und so kam es dann auch. Jahrelanger Streit löste sich in Luft auf.«